Cambridge Plain Texts

MICHELET
SAINT-LOUIS

T0346158

MICHELET

SAINT-LOUIS

CAMBRIDGE
AT THE UNIVERSITY PRESS
1922

CAMBRIDGE UNIVERSITY PRESS
Cambridge, New York, Melbourne, Madrid, Cape Town,
Singapore, São Paulo, Delhi, Mexico City

Cambridge University Press
The Edinburgh Building, Cambridge CB2 8RU, UK

Published in the United States of America by Cambridge University Press, New York

www.cambridge.org
Information on this title: www.cambridge.org/9781107641938

First published 1922
Re-issued 2013

A catalogue record for this publication is available from the British Library

ISBN 978-1-107-64193-8 Paperback

NOTE

THE historical work of JULES MICHELET (1798–1874) suffers from errors and prejudices, but he has knowledge, sympathy, and imagination, and, above all, a strong sense of national unity. For him France was a living organism, as England was for Burke. He is at his best in his earlier volumes, those which deal with medieval France; and in St Louis he has a theme hardly less inspiring than that of Joan of Arc. Moreover, St Louis is a more living figure than any other medieval monarch. The saintly hero, who ordered his life and governed his kingdom on true Christian principles, lives for us in the pages of Jean de Joinville, the Seneschal of Champagne, whose *Vie de Saint-Louis* is one of the masterpieces of medieval literature; and Guillaume de Saint-Pathus, Confessor to Queen Margaret the wife of St Louis, helps to fill out the picture. From both of these contemporary authorities Michelet cites freely.

A. TILLEY.

February, 1922

SAINT-LOUIS

Cette lutte immense, dont nous avons présenté le tableau dans le chapitre précédent, s'est terminée, ce semble, à l'avantage du pape. Il a triomphé partout, et de l'empereur, et du roi Jean, et des Albigeois hérétiques, et des Grecs schismatiques. L'Angleterre et Naples sont devenus deux fiefs du saint-siège, et la mort tragique du roi d'Aragon a été un grand enseignement pour tous les rois. Cependant, ces succès divers ont si peu fortifié le pape, que nous le verrons, au milieu du XIIIe siècle, abandonné d'une grande partie de l'Europe, mendiant à Lyon la protection française ; au commencement du siècle suivant, outragé, battu, souffleté par son bon ami le roi de France, obligé enfin de venir se mettre sous sa main, à Avignon. C'est au profit de la France qu'auront succombé les vaincus et les vainqueurs, les ennemis de l'Église et l'Église elle-même.

Comment expliquer cette décadence précipitée d'Innocent III à Boniface VIII, une telle chute après une telle victoire ? D'abord, c'est que la victoire a été plus apparente que réelle. Le fer est impuissant contre la pensée ; c'est plutôt sa nature à cette plante vivace, de croître sous le fer, de germer et fleurir sous l'acier. Combien plus, si le glaive se trouve dans la main qui devait le moins user du glaive, si c'est la main pacifique, la main du prêtre ; si l'agneau mord et déchire, si le père assassine ! L'Église perdant ainsi son caractère de sainteté, ce caractère va tout à l'heure passer à un laïque, à un roi, au roi de France. Les peuples vont transporter leur respect au sacerdoce laïque, à la royauté. Le pieux Louis IX porte ainsi, à son insu, un coup terrible à l'Église.

Les remèdes mêmes sont devenus des maux. Le pape n'a vaincu le mysticisme indépendant qu'en ouvrant lui-même de grandes écoles de mysticisme, je parle des ordres mendiants. C'est combattre le mal par le mal même; c'est entreprendre la chose difficile et contradictoire entre toutes, vouloir régler l'inspiration, déterminer l'illumination, constituer le délire! On ne joue pas ainsi avec la liberté, c'est une lame à deux tranchants, qui blesse celui qui croit la tenir et veut s'en faire un instrument.

Les ordres de Saint-Dominique et de Saint-François sur lesquels le pape essaya de soutenir l'Église en ruine, eurent une mission commune, la prédication. Le premier âge des monastères, l'âge du travail et de la culture, où les bénédictins avaient défriché la terre et l'esprit des barbares, cet âge était passé. Celui des prédicateurs de la croisade, des moines de Cîteaux et de Clairvaux, avait fini avec la croisade. Au temps de Grégoire VII, l'Église avait déjà été sauvée par les moines auxiliaires de la papauté. Mais les moines sédentaires et reclus ne servaient plus guère, lorsque les hérétiques couraient le monde pour répandre leurs doctrines. Contre de tels prêcheurs, l'Église eut ses *prêcheurs*, c'est le nom même de l'ordre de Saint-Dominique. Le monde venait moins à elle, elle alla à lui. Le tiers ordre de Saint-Dominique et de Saint-François reçut une foule d'hommes qui ne pouvaient quitter le siècle, et cherchaient à accorder les devoirs du monde et la perfection monastique. Saint Louis et sa mère appartenaient au tiers ordre de Saint-François.

Telle fut l'influence commune des deux ordres. Toutefois, ils eurent, dans cette ressemblance, un caractère divers. Celui de Saint-Dominique, fondé par un esprit austère, par un gentilhomme espagnol, né sous l'inspiration sanguinaire de Cîteaux, au milieu de la croisade de Languedoc, s'arrêta de bonne heure dans la carrière mystique, et n'eut ni la fougue ni les écarts de l'ordre de Saint-François. Il fut le principal auxiliaire des papes jusqu'à la fondation des jésuites. Les dominicains furent chargés de régler et de réprimer. Ils eurent l'inquisition et l'enseignement de la théologie dans l'enceinte même du palais pontifical. Pendant que les franciscains couraient le monde dans le dévergondage de l'inspiration, tombant, se relevant de l'obéissance à la liberté, de l'hérésie à l'orthodoxie, embrassant le monde et l'agitant des transports de l'amour mystique, le sombre esprit de saint Dominique s'enferma au sacré palais de Latran, aux voûtes granitiques de l'Escurial.

L'ordre de Saint-François fut moins embarrassé ; il se lança tête baissée dans l'amour de Dieu ; il s'écria, comme plus tard Luther : Périsse la loi, vive la grâce ! Le fondateur de cet ordre vagabond fut un marchand ou colporteur d'Assise. On appelait cet Italien *François*, parce qu'en effet il ne parlait guère que *français*. "C'était, dit son biographe, dans sa première jeunesse, un homme de vanité, un bouffon, un farceur, un chanteur ; léger, prodigue, hardi. Tête ronde, front petit, yeux noirs et sans malice, sourcils droits, nez droit et fin, oreilles petites et comme dressées, langue aiguë et ardente, voix véhémente et douce ; dents serrées, blanches, égales; lèvres minces, barbe rare, col grêle, bras courts, doigts longs, ongles longs, jambe maigre, pied petit, de chair peu ou point." Il avait vingt-cinq ans, lorsqu'une vision le convertit. Il monte à cheval, va vendre ses étoffes à Foligno, en rapporte le prix à un vieux prêtre et, sur son refus, jette l'argent par la croisée. Il veut du moins rester avec le prêtre, mais son père le poursuit; il se sauve, vit un mois dans un trou; son père le rattrape, le charge de coups; le peuple le poursuit à coups de pierres. Les siens l'obligent de renoncer juridiquement à tout son bien en présence de l'évêque. C'était sa plus grande joie; il rend à son père tous ses habits, sans garder même un caleçon: l'évêque lui jette son manteau.

Le voilà lancé sur la terre; il parcourt les forêts en chantant les louanges du Créateur. Des voleurs l'arrêtent et lui demandent qui il est: "Je suis, dit-il, le héraut qui proclame le grand roi." Ils le plongent dans une fondrière pleine de neige; nouvelle joie pour le saint; il s'en tire et poursuit sa route. Les oiseaux chantent avec lui; il les prêche, ils écoutent: Oiseaux, mes frères, disait-il, n'aimez-vous pas votre Créateur, qui vous donne ailes et plumes et tout ce qu'il vous faut? Puis, satisfait de leur docilité, il les bénit et leur permet de s'envoler. Il exhortait ainsi toutes les créatures à louer et remercier Dieu. Il les aimait, sympathisait avec elles; il sauvait, quand il pouvait, le lièvre poursuivi par les chasseurs, et vendait son manteau pour racheter un agneau de la boucherie. La nature morte elle-même, il l'embrassait dans son immense charité. Moissons, vignes, bois, pierres, il fraternisait avec eux tous et les appelait tous à l'amour divin.

Cependant un pauvre idiot d'Assise s'attacha à lui, puis un riche marchand laissa tout pour le suivre. Ces premiers franciscains et ceux qui se joignirent à eux, donnèrent d'abord dans des austérités forcenées, comparables à celles des faquirs de l'Inde se pendant à des cordes, se serrant de chaînes de fer et d'entraves de bois. Puis, quand ils eurent un peu calmé cette soif de douleur, saint François chercha longtemps en lui-même lequel valait mieux de la prière ou de la prédication. Il y serait encore, s'il ne se fût avisé de consulter sainte Claire et le frère Sylvestre; ils le décidèrent pour la prédication. Dès lors, il n'hésita plus, se ceignit les reins d'une corde et partit pour Rome. "Tel était son transport, dit le biographe, quand il parut devant le pape, qu'il pouvait à peine contenir ses pieds et tressaillait comme s'il eût dansé." Les politiques de la cour de Rome le rebutèrent d'abord; puis le pape réfléchit et l'autorisa. Il demandait pour grâce unique de prêcher, de mendier, de n'avoir rien au monde, sauf une pauvre église de Sainte-Marie des Anges, dans le petit champ de la *Portiuncule*, qu'il rebâtit de ce qu'on lui donnait. Cela fait, il partagea le monde à ses compagnons, gardant pour lui l'Égypte où il espérait le martyre; mais il eut beau faire, le sultan s'obstina à le renvoyer.

Tels furent les progrès du nouvel ordre, qu'en 1219 saint François réunit cinq mille franciscains en Italie, et il y en avait dans tout le monde. Ces apôtres effrénés de la grâce couraient partout pieds nus, jouant tous les mystères dans leurs sermons, traînant après eux les femmes et les enfants, riant à Noël, pleurant le vendredi saint, développant sans retenue tout ce que le christianisme a d'éléments dramatiques. Le système de la grâce, où l'homme n'est plus rien qu'un jouet de Dieu, le dispense aussi de toute dignité personnelle; c'est pour lui un acte d'amour de s'abaisser, de s'annuler, de montrer les côtés honteux de sa nature; il semble exalter Dieu d'autant plus. Le scandale et le cynisme deviennent une jouissance pieuse, une sensualité de dévotion. L'homme immole avec délices sa fierté et sa pudeur à l'objet aimé.

C'était une grande joie pour saint François d'Assise de faire pénitence dans les rues pour avoir rompu le jeûne et mangé un peu de volaille par nécessité. Il se faisait traîner tout nu, frapper de coups de corde, et l'on criait: "Voici le glouton qui s'est gorgé de poulet à votre insu!" A Noël il se préparait, pour prêcher, une étable, comme celle où naquit le Sauveur. On y voyait le bœuf, l'âne, le foin; pour que rien n'y manquât, lui-même il bêlait comme un mouton, en prononçant *Bethléem*, et quand il en venait à nommer le doux Jésus, il passait la langue sur les lèvres et les léchait comme s'il eût mangé du miel.

Ces folles représentations, ces courses furieuses à travers l'Europe, qu'on ne pouvait comparer qu'aux bacchanales ou aux pantomimes des prêtres de Cybèle, donnaient lieu, on peut le croire, à bien des excès. Elles ne furent même pas exemptes du caractère sanguinaire qui avait marqué les représentations orgiastiques de l'antiquité. Le tout-puissant génie dramatique qui poussait saint François à l'imitation complète de Jésus, ne se contenta pas de le jouer dans sa vie et sa naissance; il lui fallut aussi la passion. Dans ses dernières années, on le portait sur une charrette, par les rues et les carrefours, versant le sang par le côté, et imitant, par ses stigmates, ceux du Seigneur.

Ce mysticisme ardent fut vivement accueilli par les femmes, et, en revanche, elles eurent bonne part dans la distribution des dons de la grâce. Sainte Clara d'Assise commença les clarisses. Le dogme de l'immaculée conception devint de plus en plus populaire. Ce fut le point principal de la religion, la thèse favorite que soutinrent les théologiens, la croyance chère et sacrée pour laquelle les franciscains, chevaliers de la Vierge, rompirent des lances. Une dévotion sensuelle embrassa la chrétienté. Le monde entier apparut à saint Dominique dans le capuchon de la Vierge comme l'Inde l'a vu dans la bouche de Crishna, ou comme Brahma reposant dans la fleur du lotos. "La Vierge ouvrit son capuchon devant son serviteur Dominique, qui était tout en pleurs, et il se trouvait, ce capuchon, de telle capacité et immensité qu'il contenait et embrassait doucement toute la céleste patrie."

Nous avons remarqué déjà, à l'occasion d'Héloïse, d'Éléonore de Guyenne et des cours d'amour, que, dès le XIIe siècle, la femme prit sur la terre une place proportionnée à l'importance nouvelle qu'elle avait acquise dans la hiérarchie céleste. Au XIIIe, elle se trouve, au moins comme mère et régente, assise sur plusieurs des trônes d'Occident. Blanche de Castille gouverne au nom de son fils enfant, comme la comtesse de Champagne pour le jeune Thibaut, comme celle de Flandre pour son mari prisonnier. Isabelle de la Marche exerce aussi la plus grande influence sur son fils Henri III, roi d'Angleterre. Jeanne de Flandre ne se contenta pas du pouvoir, elle en voulut les honneurs et les insignes virils; elle réclama au sacre de saint Louis le droit du comte de Flandre, celui de porter l'épée nue, l'épée de la France.

Avant d'expliquer comment une femme gouverna
la France et brisa la force féodale au nom d'un enfant,
il faut pourtant se rappeler combien toute circonstance
favorisait alors les progrès du pouvoir royal. La
royauté n'avait qu'à se laisser aller, le fil de l'eau la
portait. La mort de Philippe-Auguste n'y avait rien
changé (1218). Son fils, le faible et maladif Louis VIII,
nommé, ce semble ironiquement, Louis le Lion, ne
joua pas moins le rôle d'un conquérant. Il échoua en
Angleterre, il est vrai, mais il prit aux Anglais le
Poitou. En Flandre, il maintint la comtesse Jeanne,
lui rendant le service de garder son mari prisonnier à
la tour du Louvre. Cette Jeanne était fille de Beau-
douin, le premier empereur de Constantinople, qu'on
croyait tué par les Bulgares. Un jour, le voilà qui
reparaît en Flandre; sa fille refuse de le reconnaître,
mais le peuple l'accueille, et elle est obligée de fuir
près de Louis VIII, qui la ramène avec une armée.
Le vieillard ne pouvait répondre à certaines questions;
et vingt ans d'une dure captivité pouvaient bien avoir
altéré sa mémoire. Il passa pour imposteur, et la
comtesse le fit périr. Tout le peuple la regarda comme
parricide.

La Flandre se trouvait ainsi soumise à l'influence
française; il en fut bientôt de même du Languedoc.
Louis VIII y était appelé par l'Église contre les Albigeois, qui reparaissaient sous Raymond VII. D'autre
part, une bonne partie des méridionaux désirait finir
à tout prix, par l'intervention de la France, cette
guerre de tigres, qui se faisait chez eux depuis si longtemps. Louis avait prouvé sa douceur et sa loyauté
au siège de Marmande, où il essaya en vain de sauver
les assiégés. Vingt-cinq seigneurs et dix-sept arch-

evêques et évêques déclarèrent qu'ils conseillaient au roi de se charger de l'affaire des Albigeois. Louis VIII se mit en effet en marche à la tête de toute la France du Nord; les cavaliers seuls étaient dans cette armée au nombre de cinquante mille. L'alarme fut grande dans le Midi. Une foule de seigneurs et de villes s'empressèrent d'envoyer au-devant, et de faire hommage. Les républiques de Provence, Avignon, Arles, Marseille et Nice, espéraient pourtant que le torrent passerait à côté. Avignon offrit passage hors de ses murs; mais en même temps, elle s'entendait avec le comte de Toulouse pour détruire tous les fourrages à l'approche de la cavalerie française. Cette ville était étroitement unie avec Raymond; elle était restée douze ans excommuniée pour l'amour de lui. Les podestats d'Avignon prenaient le titre de bayles ou lieutenants du comte de Toulouse. Louis VIII insista pour passer par la ville même, et sur son refus, il l'assiégea. Les réclamations de Frédéric II, en faveur de cette ville impériale, ne furent point écoutées. Il fallut qu'elle payât rançon, donnât des otages et abattît ses murailles. Tout ce qu'on trouva dans la ville, de Français et de Flamands, fut égorgé par les assiégeants. Une grande partie du Languedoc s'effraya; Nîmes, Albi, Carcassonne, se livrèrent, et Louis VIII établit des sénéchaux dans cette dernière ville et à Beaucaire. Il semblait qu'il dût accomplir dans cette campagne toute la conquête du Midi. Mais le siège d'Avignon avait été un retard fatal; les chaleurs occasionnèrent une épidémie meurtrière dans son armée. Lui-même il languissait, lorsque le duc de Bretagne et les comtes de Lusignan, de la Marche, d'Angoulême et de Champagne s'entendirent pour se retirer. Ils se repentaient tous d'avoir

aidé au succès du roi ; le comte de Champagne, amant
de la reine (telle est du moins la tradition), fut accusé
d'avoir empoisonné Louis, qui mourut peu après son
départ (1226).

La régence et la tutelle du jeune Louis IX eût ap-
partenu, d'après les lois féodales, à son oncle Philippe
le Hurepel (le grossier), comte de Boulogne. Le légat
du pape et le comte de Champagne, qu'on disait
également favorisés de la reine mère, Blanche de Castille, lui assurèrent la régence. C'était une grande
nouveauté qu'une femme commandât à tant d'hommes ;
c'était sortir d'une manière éclatante du système militaire et barbare qui avait prévalu jusque-là, pour entrer
dans la vie pacifique de l'esprit moderne. L'Église y
aida. Outre le légat, l'archevêque de Sens et l'évêque
de Beauvais voulurent bien attester que le dernier roi
avait, sur son lit de mort, nommé sa veuve régente.
Son testament, que nous avons encore, n'en fait aucune
mention. Il est douteux, d'ailleurs, qu'il eût confié le
royaume à une Espagnole, à la nièce du roi Jean, à une
femme que le comte de Champagne avait prise, dit-on,
pour l'objet de ses galanteries poétiques. Ce comte,
ennemi d'abord du roi, comme les autres grands
seigneurs, n'en fut pas moins le plus puissant appui
de la royauté après la mort de Louis VIII. Il aimait
sa veuve, dit-on, et, d'autre part, la Champagne aimait
la France ; les grandes villes industrielles de Troyes,
de Bar-sur-Seine, etc., devaient sympathiser avec le
pouvoir pacifique et régulier du roi, plus qu'avec la
turbulence militaire des seigneurs. Le parti du roi,
c'était le parti de la paix, de l'ordre, de la sûreté des
routes. Quiconque voyageait, marchand ou pèlerin,
était, à coup sûr, pour le roi. Ceci explique encore la

haine furieuse des grands seigneurs contre la Champagne, qui avait de bonne heure abandonné leur ligue. La jalousie de la féodalité contre l'industrialisme, qui entra pour beaucoup dans les guerres de Flandre et de Languedoc, ne fut point certainement étrangère aux affreux ravages que les seigneurs firent dans la Champagne, pendant la minorité de saint Louis.

Le chef de la ligue féodale, ce n'était point Philippe, oncle du jeune roi, ni les comtes de la Marche et de Lusignan, beau-père et frère du roi d'Angleterre, mais le duc de Bretagne, Pierre Mauclerc, descendu d'un fils de Louis le Gros. La Bretagne, relevant de la Normandie, et par conséquent de l'Angleterre aussi bien que de la France, flottait entre les deux couronnes. Le duc était d'ailleurs l'homme le plus propre à profiter d'une telle position. Élevé aux écoles de Paris, grand dialecticien, destiné d'abord à la prêtrise, mais de cœur légiste, chevalier, ennemi des prêtres, il en fut surnommé *Mauclerc*.

Cet homme remarquable, certainement le premier de son temps, entreprit bien des choses à la fois, et plus qu'il ne pouvait : en France, d'abaisser la royauté ; en Bretagne, d'être absolu, malgré les prêtres et les seigneurs. Il s'attacha les paysans, leur accorda des droits de pâture, d'usage du bois mort, des exemptions de péage. Il eut encore pour lui les seigneurs de l'intérieur du pays, surtout ceux de la Bretagne française (Avaugour, Vitré, Fougères, Châteaubriant, Dol, Châteaugiron) ; mais il tâcha de dépouiller ceux des côtes (Léon, Rohan, le Faou, etc.). Il leur disputa ce précieux droit de *bris*, qui leur donnait les vaisseaux naufragés. Il luttait aussi contre l'Église, l'accusait de simonie par-devant les barons, employait contre les prêtres la science du droit canonique qu'il avait apprise d'eux-mêmes. Dans cette lutte, il se montra inflexible et barbare ; un curé refusant d'enterrer un excommunié, il ordonna qu'on l'enterrât lui-même avec le corps.

Cette lutte intérieure ne permit guère à Mauclerc d'agir vigoureusement contre la France. Il eût fallu du moins être bien appuyé de l'Angleterre. Mais les Poitevins qui gouvernaient et volaient le jeune Henri III, ne lui laissaient point d'argent pour une guerre honorable. Il devait passer la mer en 1226 ; une révolte le retint. Mauclerc l'attendait encore en 1229, mais le favori de Henri III fut corrompu par la régente, et rien ne se trouva prêt. Elle eut encore l'adresse d'empêcher le comte de Champagne d'épouser la fille de Mauclerc. Les barons, sentant la faiblesse de la ligue, n'osaient, malgré toute leur mauvaise volonté, désobéir formellement au roi enfant, dont la régente employait le nom. En 1228, sommés par elle d'amener leurs hommes contre la Bretagne, ils vinrent chacun avec deux chevaliers seulement.

L'impuissance de la ligue du Nord permit à Blanche et au légat qui la conseillait, d'agir vigoureusement contre le Midi. Une nouvelle croisade fut conduite en Languedoc. Toulouse aurait tenu longtemps, mais les croisés se mirent à détruire méthodiquement toutes les vignes qui faisaient la richesse du pays. Les indigènes avaient résisté tant qu'il n'en coûtait que du sang. Ils obligèrent leur comte à céder. Il fallut qu'il râsât les murs de sa ville, y reçût garnison française, y autorisât l'établissement de l'inquisition, confirmât à la France la possession du bas Languedoc, promît Toulouse après sa mort, comme dot de sa fille Jeanne, qu'un frère du roi devait épouser. Quant à la haute

Provence, il la donnait à l'Église : c'est l'origine du droit des papes sur le comtat d'Avignon. Lui-même il vint à Paris, s'humilia, reçut la discipline dans l'Église de Notre-Dame, et se constitua, pour six semaines, prisonnier à la tour du Louvre. Cette tour, où six comtes avaient été enfermés après Bouvines, d'où le comte de Flandre venait à peine de sortir, où l'ancien comte de Boulogne se tua de désespoir, était devenue le château, la maison de plaisance, où les grands barons logeaient chacun à son tour.

La régente osa alors défier le comte de Bretagne et le somma de comparaître devant les pairs. Ce tribunal des douze pairs, calqué sur le nombre mystique des douze apôtres et sur les traditions poétiques des romans carlovingiens, n'était pas une institution fixe et régulière. Rien n'était plus commode pour les rois. Cette fois, les pairs se trouvèrent l'archevêque de Sens, les évêques de Chartres et de Paris, les comtes de Flandre, de Champagne, de Nevers, de Blois, de Chartres, de Montfort, de Vendôme, les seigneurs de Coucy et de Montmorency, et beaucoup d'autres barons et chevaliers.

Leur sentence n'aurait pas fait grand'chose, si Mauclerc eût été mieux soutenu par les Anglais et par les barons. Ceux-ci traitèrent séparément avec la régente. Toute la haine des seigneurs, forcés de céder à Blanche, retomba sur le comte de Champagne ; il fut obligé de se réfugier à Paris, et ne rentra dans ses domaines qu'en promettant de prendre la croix en expiation de la mort de Louis VIII ; c'était s'avouer coupable.

Tout le mouvement qui avait troublé la France du Nord s'écoula pour ainsi dire vers le Midi et l'Orient. Les deux chefs opposés, Thibaut et Mauclerc, furent éloignés par des circonstances nouvelles, et laissèrent le royaume en paix. Thibaut se trouva roi de Navarre par la mort du père de sa femme; il vendit à la régente Chartres, Blois, Sancerre et Châteaudun. Une noblesse innombrable le suivit. Le roi d'Aragon, qui, à la même époque, commençait sa croisade contre Majorque et Valence, amena aussi beaucoup de chevaliers, surtout un grand nombre de *faidits* provençaux et languedoçiens; c'étaient des proscrits de la guerre des Albigeois. Peu après, Pierre Mauclerc, qui n'était comte de Bretagne que du chef de sa femme, abdiqua le comté, le laissa à son fils, et fut nommé par le pape Grégoire IX général en chef de la nouvelle croisade d'Orient.

Telle était la favorable situation du royaume à l'époque de la majorité de saint Louis (1236). La royauté n'avait rien perdu depuis Philippe-Auguste. Arrêtons-nous un instant ici, et récapitulons les progrès de l'autorité royale et du pouvoir central depuis l'avénement du grand-père de saint Louis.

Philippe-Auguste avait, à vrai dire, fondé ce royaume en réunissant la Normandie à la Picardie. Il avait, en quelque sorte, fondé Paris, en lui donnant sa cathédrale, sa halle, son pavé, des hôpitaux, des aqueducs, une nouvelle enceinte, de nouvelles armoiries, surtout en autorisant et soutenant son université. Il avait fondé la juridiction royale en inaugurant l'assemblée des pairs par un acte populaire et humain, la condamnation de Jean et la punition du meurtre d'Arthur. Les grandes puissances féodales s'affaissaient; la Flandre, la Champagne, le Languedoc, étaient soumis à l'influence royale. Le roi s'était formé un grand parti dans la noblesse, si je puis dire: je parle des cadets; il fit consacrer en principe qu'ils ne dépendraient plus de leurs aînés.

Le prince dans les mains duquel tombait ce grand héritage, Louis IX, avait vingt et un ans en 1236. Il fut déclaré majeur, mais dans la réalité, il resta longtemps encore dépendant de sa mère, la fière Espagnole qui gouvernait depuis dix ans. Les qualités de Louis n'étaient pas de celles qui éclatent de bonne heure; la principale fut un sentiment exquis, un amour inquiet du devoir, et pendant longtemps le devoir lui apparut comme la volonté de sa mère. Espagnol du côté de Blanche, Flamand par son aïeule Isabelle, le jeune prince suça avec le lait une piété ardente, qui semble avoir été étrangère à la plupart de ses prédécesseurs, et que ses successeurs n'ont guère connue davantage.

Cet homme, qui apportait au monde un tel besoin de croire, se trouva précisément au milieu de la grande crise, lorsque toutes les croyances étaient ébranlées. Ces belles images d'ordre que le moyen âge avait rêvées, le saint pontificat et le saint empire, qu'étaient-elles devenues? La guerre de l'Empire et du sacerdoce avait atteint le dernier degré de violence, et les deux partis inspiraient presque une égale horreur. D'un côté, c'était l'empereur, au milieu de son cortège de légistes bolonais et de docteurs arabes, penseur hardi, charmant poëte et mauvais croyant. Il avait des gardes sarrasines, une université sarrasine, des concubines arabes. Le sultan d'Égypte était son meilleur ami. Il avait, disait-on, écrit ce livre horrible dont on parlait tant, *De Tribus impostoribus*, Moïse, Mahomet et Jésus, qui n'a jamais été écrit. Beaucoup de gens soupçonnaient que Frédéric pouvait fort bien être l'Antéchrist.

Le pape n'inspirait guère plus de confiance que l'em-

pereur. La foi manquait à l'un, mais à l'autre la
charité. Quelque désir, quelque besoin qu'on eût de
révérer encore le successeur des apôtres, il était difficile
de le reconnaître sous cette cuirasse d'acier qu'il avait
revêtue depuis la croisade des Albigeois. Il semblait
que la soif du meurtre fût devenue le génie même du
prêtre. Ces hommes de paix ne demandaient que mort
et ruine, des paroles effroyables sortaient de leur
bouche. Ils s'adressaient à tous les peuples, à tous les
princes, ils prenaient tour à tour le ton de la menace
ou de la plainte : ils demandaient, grondaient, priaient,
pleuraient. Que voulaient-ils avec tant d'ardeur ? la
délivrance de Jérusalem ? Aucunement. L'améliora-
tion des chrétiens, la conversion des gentils ? Rien de
tout cela. Eh ! quoi donc ? Du sang. Une soif horrible
de sang semblait avoir embrasé de leur depuis qu'une
fois ils avaient goûté de celui des Albigeois.

La destinée de ce jeune et innocent Louis IX fut
d'être l'héritier des Albigeois et de tant d'autres ennemis de l'Église. C'était pour lui que Jean, condamné
sans être entendu, avait perdu la Normandie, et son
fils Henri le Poitou ; c'était pour lui que Montfort
avait égorgé vingt mille hommes dans Béziers, et Fol-
quet dix mille dans Toulouse. Ceux qui avaient péri
étaient, il est vrai, des hérétiques, des mécréants, des
ennemis de Dieu ; il y avait pourtant, dans tout cela,
bien des morts ; et dans cette magnifique dépouille,
une triste odeur de sang. Voilà, sans doute, ce qui fit
l'inquiétude et l'indécision de saint Louis. Il avait
grand besoin de croire et de s'attacher à l'Église, pour
se justifier à lui-même son père et son aïeul, qui
avaient accepté de tels dons. Position critique pour
une âme timorée ; il ne pouvait restituer sans déshonorer

son père et indigner la France. D'autre part, il ne pouvait garder, ce semble, sans consacrer tout ce qui s'était fait, sans accepter tous les excès, toutes les violences de l'Église.

Le seul objet vers lequel une telle âme pouvait se tourner encore, c'était la croisade, la délivrance de Jérusalem. Cette grande puissance, bien ou mal acquise, qui se trouvait dans ses mains, c'était là, sans doute, qu'elle devait s'exercer et s'expier. De ce côté, il y avait tout au moins la chance d'une mort sainte.

Jamais la croisade n'avait été plus nécessaire et plus légitime. Agressive jusque-là, elle allait devenir défensive. On attendait dans tout l'Orient un grand et terrible événement; c'était comm le bruit des grandes eaux avant le déluge, comme le craquement des digues, comme le premier murmure des cataractes du ciel. Les Mongols s'étaient ébranlés du Nord, et peu à peu descendaient par toute l'Asie. Ces pasteurs, entraînant les nations, chassant devant eux l'humanité avec leurs troupeaux, semblaient décidés à effacer de la terre toute ville, toute construction, toute trace de culture, à refaire du globe un désert, une libre prairie, où l'on pût désormais errer sans obstacle. Ils délibérèrent s'ils ne traiteraient pas ainsi toute la Chine septentrionale, s'ils ne rendraient pas cet empire, par l'incendie de cent villes et l'égorgement de plusieurs millions d'hommes, à cette beauté primitive des solitudes du monde naissant. Où ils ne pouvaient détruire les villes sans grand travail, ils se dédommageaient du moins par le massacre des habitants; témoin ces pyramides de têtes de morts qu'ils firent élever dans la plaine de Bagdad.

Toutes les sectes, toutes les religions qui se partageaient l'Asie, avaient également à craindre ces barbares, et nulle chance de les arrêter. Les sunnites et les schyytes[1], le calife de Bagdad et le calife du Caire, les Assassins, les chrétiens de terre sainte, attendaient le jugement. Toute dispute allait être finie, toute haine réconciliée; les Mongols s'en chargeaient. De là, sans doute, ils passeraient en Europe, pour accorder le pape et l'empereur, le roi d'Angleterre et le roi de France. Alors, ils n'auraient plus qu'à faire manger l'avoine à leurs chevaux sur l'autel de Saint-Pierre de Rome, et le règne de l'Antéchrist allait commencer.

Ils avançaient, lents et irrésistibles, comme la vengeance de Dieu; déjà ils étaient partout présents par l'effroi qu'ils inspiraient. En l'an 1238, les gens de la Frise et du Danemark n'osèrent pas quitter leurs femmes épouvantées pour aller pêcher le hareng, selon leur usage, sur les côtes d'Angleterre. En Syrie, on s'attendait d'un moment à l'autre à voir apparaître les grosses têtes jaunes et les petits chevaux échevelés. Tout l'Orient était réconcilié. Les princes mahométans, entre autres le Vieux de la Montagne, avaient envoyé une ambassade suppliante au roi de France, et l'un des ambassadeurs passa en Angleterre.

D'autre part, l'empereur latin de Constantinople venait exposer à saint Louis son danger, son dénûment et sa misère. Ce pauvre empereur s'était vu obligé de faire alliance avec les Comans, et de leur jurer amitié, la main sur un chien mort. Il en était à n'avoir plus pour se chauffer que les poutres de son palais. Quand l'impératrice vint, plus tard, implorer de nouveau la pitié de saint Louis, Joinville fut obligé, pour la présenter, de lui donner une robe. L'empereur offrait à saint Louis de lui céder à bon compte un inestimable

[1] Mohammedan sects.

trésor, la vraie couronne d'épines qui avait ceint le front du Sauveur. La seule chose qui embarrassait le roi de France, c'est que le commerce de reliques avait bien l'air d'être un cas de simonie; mais il n'était pas défendu pourtant de faire un présent à celui qui faisait un tel don à la France. Le présent fut de cent soixante mille livres, et de plus saint Louis donna le produit d'une confiscation faite sur les Juifs, dont il se faisait scrupule de profiter lui-même. Il alla pieds nus recevoir les saintes reliques jusqu'à Vincennes, et plus tard fonda pour elles la sainte Chapelle de Paris.

La croisade de 1235 n'était pas faite pour rétablir les affaires d'Orient. Le roi champenois de Navarre, le duc de Bourgogne, le comte de Montfort, se firent battre. Le frère du roi d'Angleterre n'eut d'autre gloire que celle de racheter les prisonniers. Mauclerc seul y gagna quelque chose. Cependant, le jeune roi de France ne pouvait quitter encore son royaume et réparer ces malheurs. Une vaste ligue se formait contre lui; le comte de Toulouse, dont la fille avait épousé le frère du roi, Alphonse de Poitiers, voulait tenter encore un effort pour garder ses États, s'il n'avait pu garder ses enfants. Il s'était allié aux rois d'Angleterre, de Navarre, de Castille et d'Aragon. Il voulait épouser ou Marguerite de la Marche, sœur utérine d'Henri III, ou Béatrix de Provence. Par ce dernier mariage, il eût réuni la Provence au Languedoc, déshérité sa fille au profit des enfants qu'il eût eus de Béatrix, et réuni tout le Midi. La précipitation fit avorter ce grand projet. Dès 1242, les inquisiteurs furent massacrés à Avignon; l'héritier légitime de Nîmes, Béziers et Carcassonne, le jeune Trencavel, se hasarda à reparaître. Les confédérés agirent l'un après l'autre. Raymond était réduit quand les Anglais prirent les armes. Leur campagne en France fut pitoyable; Henri III avait compté sur son beau-père, le comte de la Marche, et les autres seigneurs qui l'avaient appelé. Quand ils se virent et se comptèrent, alors commencèrent les reproches et les altercations. Les Français n'avançaient pas moins; ils auraient tourné et pris l'armée anglaise au pont de Taillebourg, sur la Charente, si Henri n'eût obtenu une trêve par l'intercession de son frère Richard, en qui Louis révéra le héros de la dernière croisade, celui qui avait racheté et rendu à l'Europe tant de chrétiens. Henri profita de ce répit pour décamper et se retirer vers Saintes. Louis le serra de près; un combat acharné eut lieu dans les vignes, et le roi d'Angleterre finit par s'enfuir dans la ville, et de là vers Bordeaux (1242).

Une épidémie, dont le roi et l'armée languirent également, l'empêcha de poursuivre ses succès. Mais le combat de Taillebourg n'en fut pas moins le coup mortel pour ses ennemis, et en général pour la féodalité. Le comte de Toulouse n'obtint grâce que comme cousin de la mère de saint Louis. Son vassal, le comte de Foix, déclara qu'il voulait dépendre immédiatement du roi. Le comte de la Marche et sa femme, l'orgueilleuse Isabelle de Lusignan, veuve de Jean et mère d'Henri III, furent obligés de céder. Ce vieux comte faisant hommage au frère du roi, Alphonse, nouveau comte de Poitiers, un chevalier parut, qui se disait mortellement offensé par lui et demandait à le combattre par-devant son suzerain. Alphonse insistait durement pour que le vieillard fît raison au jeune homme. L'événement n'était pas douteux, et déjà Isabelle, craignant de périr après son mari, s'était réfugiée au couvent de Fontevrault. Saint Louis s'interposa et ne permit point ce combat inégal. Telle fut pourtant l'humiliation du comte de la Marche, que son ennemi, qui avait juré de laisser pousser ses cheveux jusqu'à ce qu'il eût vengé son outrage, se les fit couper solennellement devant tous les barons, et déclara qu'il en avait assez.

En cette occasion, comme en toutes, Louis montrait la modération d'un saint et d'un politique. Un baron n'ayant voulu se rendre qu'après en avoir obtenu l'autorisation de son seigneur, le roi d'Angleterre, Louis lui en sut gré, et lui remit son château sans autre garantie que son serment. Mais afin de sauver de la tentation du parjure ceux qui tenaient des fiefs de lui et d'Henri, il leur déclara, aux termes de l'Évangile, qu'on ne pouvait servir deux maîtres, et leur permit d'opter librement. Il eût voulu, pour ôter toute cause de guerre, obtenir d'Henri la cession expresse de la Normandie; à ce prix, il lui eût rendu le Poitou.

Telles étaient la prudence et la modération du roi. Il n'imposa pas à Raymond d'autres conditions que celles du traité de Paris, qu'il avait signé quatorze ans auparavant.

Cependant la catastrophe tant redoutée avait lieu en Orient. Une aile de la prodigieuse armée des Mongols avait poussé vers Bagdad (1258); une autre entrait en Russie, en Pologne, en Hongrie. Les Karismiens, précurseurs des Mongols, avaient envahi la terre sainte; ils avaient remporté à Gaza, malgré l'union des chrétiens et des musulmans, une sanglante victoire. Cinq cents templiers y étaient restés; c'était tout ce que l'ordre avait alors de chevaliers à la terre sainte; puis les Mongols avaient pris Jérusalem abandonnée de ses habitants; ces barbares, par un jeu perfide, mirent partout des croix sur les murs; les habitants, trop crédules, revinrent et furent massacrés.

Saint Louis était malade, alité et presque mourant, quand ces tristes nouvelles parvinrent en Europe. Il était si mal qu'on désespérait de sa vie, et déjà une des dames qui le gardaient voulait lui jeter le drap sur le visage, croyant qu'il avait passé. Dès qu'il alla un peu mieux, au grand étonnement de ceux qui l'entouraient, il fit mettre la croix rouge sur son lit et sur ses vêtements. Sa mère eût autant aimé le voir mort. Il promettait, lui faible et mourant, d'aller si loin, outre-mer, sous un climat meurtrier, donner son sang et celui des siens dans cette inutile guerre qu'on poursuivait depuis plus d'un siècle. Sa mère, les prêtres eux-mêmes, le pressaient d'y renoncer. Il fut inflexible; cette idée, qu'on lui croyait si fatale, fut, selon toute apparence, ce qui le sauva; il espéra, il voulut vivre, et vécut en effet. Dès qu'il fut convalescent, il appela sa mère, l'évêque de Paris, et leur dit: "Puisque vous croyez que je n'étais pas parfaitement en moi-même quand j'ai prononcé mes vœux, voilà ma croix que j'arrache de mes épaules, je vous la rends.... Mais à présent, continua-t-il, vous ne pouvez nier que je ne sois dans la pleine jouissance de toutes mes facultés; rendez-moi donc ma croix; car celui qui sait toute chose sait aussi qu'aucun aliment n'entrera dans ma bouche jusqu'à ce que j'aie été marqué de nouveau de son signe. — C'est le doigt de Dieu, s'écrièrent tous les assistants; ne nous opposons plus à sa volonté." Et personne, dès ce jour, ne contredit son projet.

Le seul obstacle qui restât à vaincre, chose triste et contre nature, c'était le pape. Innocent IV remplissait l'Europe de sa haine contre Frédéric II. Chassé de l'Italie, il assembla contre lui un grand concile à Lyon. Cette ville impériale tenait pourtant à la France, sur le territoire de laquelle elle avait son faubourg au delà du Rhône. Saint Louis, qui s'était inutilement porté pour médiateur, ne consentit pas sans répugnance à recevoir le pape. Il fallut que tous les moines de Cîteaux vinssent se jeter aux pieds du roi; et il laissa attendre le pape quinze jours pour savoir sa détermination. Innocent, dans sa violence, contrariait de tout son pouvoir la croisade d'Orient; il eût voulu tourner les armes du roi de France contre l'empereur ou contre le roi d'Angleterre, qui était sorti un moment de sa servilité à l'égard du saint-siège. Déjà, en 1239, il avait offert la couronne impériale à saint Louis pour son frère, Robert d'Artois; en 1245, il lui offrit la couronne d'Angleterre. Étrange spectacle, un pape n'oubliant rien pour entraver la délivrance de Jérusalem, offrant tout à un croisé pour lui faire violer son vœu.

Louis ne songeait guère à acquérir. Il s'occupait bien plutôt à légitimer les acquisitions de ses pères. Il essaya inutilement de se réconcilier l'Angleterre par une restitution partielle. Il interrogea même les évêques de Normandie pour se rassurer sur le droit qu'il pouvait avoir à la possession de cette province. Il dédommagea par une somme d'argent le vicomte Trencavel, héritier de Nîmes et de Béziers. Il l'emmena à la croisade, avec tous les faidits[1], les proscrits de la guerre des Albigeois, tous ceux que l'établissement des compagnons de Montfort avait privés de leur patrimoine. Ainsi il faisait de la guerre sainte une expiation, une réconciliation universelle.

[1] From Provençal *faidir* = to banish.

Ce n'était pas une simple guerre, une expédition, que saint Louis projetait, mais la fondation d'une grande colonie en Égypte. On pensait alors, non sans vraisemblance, que pour conquérir et posséder la terre sainte, il fallait avoir l'Égypte pour point d'appui. Aussi il avait emporté une grande quantité d'instruments de labourage et d'outils de toute espèce. Pour faciliter les communications régulières, il voulut avoir un port à lui sur la Méditerranée; ceux de Provence étaient à son frère Charles d'Anjou: il fit creuser celui d'Aigues-Mortes.

Il cingla d'abord vers Chypre, où l'attendaient d'immenses approvisionnements. Là il s'arrêta, et longtemps, soit pour attendre son frère Alphonse qui lui amenait sa réserve, soit peut-être pour s'orienter dans ce monde nouveau. Il y fut amusé par les ambassadeurs des princes d'Asie, qui venaient observer le grand roi des Francs. Les chrétiens vinrent d'abord de Constantinople, d'Arménie, de Syrie; les musulmans ensuite, entre autres les envoyés de ce Vieux de la Montagne dont on faisait tant de récits. Les Mongols même parurent. Saint Louis, qui les crut favorables au christianisme, d'après leur haine pour les autres mahométans, se ligua avec eux contre les deux papes de l'islamisme, les califes de Bagdad et du Caire.

Cependant les Asiatiques revenaient de leurs premières craintes, ils se familiarisaient avec l'idée de la grande invasion des Francs. Ceux-ci, dans l'abondance, s'énervaient sous la séduction d'un climat corrupteur. Les prostituées venaient placer leurs tentes autour même de la tente du roi et de sa femme, la chaste reine Marguerite, qui l'avait suivi.

Il se décida enfin à partir pour l'Égypte. Il avait à choisir entre Damiette et Alexandrie. Un coup de vent l'ayant poussé vers la première ville, il eut hâte d'attaquer; lui-même il se jeta dans l'eau, l'épée à la main. Les troupes légères des Sarrasins, qui étaient en bataille sur le rivage, tentèrent une ou deux charges et, voyant les Francs inébranlables, ils s'enfuirent à toute bride. La forte ville de Damiette, qui pouvait résister, se rendit dans le premier effroi. Maître d'une telle place, il fallait se hâter de saisir Alexandrie ou le Caire. Mais la même foi qui inspirait la croisade, faisait négliger les moyens humains qui en auraient assuré le succès. Le roi d'ailleurs, roi féodal, n'était sans doute pas assez maître pour arracher ses gens au pillage d'une riche ville; il en fut comme à Chypre, ils ne se laissèrent emmener que lorsqu'ils furent las eux-mêmes de leurs excès. Il y avait d'ailleurs une excuse; Alphonse et la réserve se faisaient attendre. Le comte de Bretagne, Mauclerc, déjà expérimenté dans la guerre d'Orient, voulait qu'on s'assurât d'abord d'Alexandrie; le roi insista pour le Caire. Il fallait donc s'engager dans ce pays coupé de canaux, et suivre la route qui avait été si fatale à Jean de Brienne. La marche fut d'une singulière lenteur; les chrétiens, au lieu de jeter des ponts, faisaient une levée dans chaque canal. Ils mirent ainsi un mois pour franchir les dix lieues qui sont de Damiette à Mansourah. Pour atteindre cette dernière ville, ils entreprirent une digue qui devait soutenir le Nil et leur livrer passage. Cependant ils souffraient horriblement des feux grégeois que leur lançaient les Sarrasins, et qui les brûlaient sans remède enfermés dans leurs armures. Ils restèrent ainsi cinquante jours, au bout desquels ils apprirent qu'ils auraient pu s'épargner tant de peine et de travail. Un Bédouin leur indiqua un gué (8 février).

L'avant-garde, conduite par Robert d'Artois, passa avec quelque difficulté. Les templiers, qui se trouvaient avec lui, l'engageaient à attendre que son frère le rejoignît. Le bouillant jeune homme les traita de lâches, et se lança, tête baissée, dans la ville dont les portes étaient ouvertes. Il laissait mener son cheval par un brave chevalier, qui était sourd et qui criait à tue-tête: Sus! sus! à l'ennemi! Les templiers n'osèrent rester derrière: tous entrèrent, tous périrent. Les mameluks, revenus de leur étonnement, barrèrent les rues de pièces de bois, et des fenêtres ils écrasèrent les assaillants.

Le roi, qui ne savait rien encore, passa, rencontra les Sarrasins; il combattit vaillamment. "Là, où j'étois à pied avec mes chevaliers, dit Joinville, aussi blessé vint le roi avec toute sa bataille, avec grand bruit et grande noise de trompes, de nacaires[1], et il s'arrêta sur un chemin levé; mais oncques si bel homme armé ne vis, car il paroissoit dessus toute sa gent des épaules en haut, un haume d'or à son chef, une épée d'Allemagne en sa main." Le soir on lui annonça la mort du comte d'Artois, et le roi répondit: "Que Dieu en feust adoré de ce que il li donnoit; et lors li choient les larmes des yex moult grosses." Quelqu'un vint lui demander des nouvelles de son frère: "Tout ce que je sais, dit-il, c'est qu'il est en paradis[2]."

Les mameluks revenant de tous côtés à la charge, les Français défendirent leurs retranchements jusqu'à la fin de la journée. Le comte d'Anjou, qui se trouvait le premier sur la route du Caire, était à pied au milieu

---

[1] Kettle drums.　　　　　[2] Joinville.

de ses chevaliers; il fut attaqué en même temps par deux troupes de Sarrasins, l'une à pied, l'autre à cheval; il était accablé par le feu grégeois, et on le tenait déjà pour déconfit. Le roi le sauva en s'élançant lui-même à travers les musulmans. La crinière de son cheval fut toute couverte de feu grégeois. Le comte de Poitiers fut un moment prisonnier des Sarrasins; mais il eut le bonheur d'être délivré par les bouchers, les vivandiers et les femmes de l'armée. Le sire de Briançon ne put conserver son terrain qu'à l'aide des machines du duc de Bourgogne, qui tiraient au travers de la rivière. Gui de Mauvoisin, couvert de feu grégeois, n'échappa qu'avec peine aux flammes. Les bataillons du comte de Flandre, des barons d'outre-mer que commandait Gui d'Ibelin, et de Gauthier de Châtillon, conservèrent presque toujours l'avantage sur les ennemis. Ceux-ci sonnèrent enfin la retraite, et Louis rendit grâce à Dieu, au milieu de toute l'armée, de l'assistance qu'il en avait reçue: c'était en effet, un miracle d'avoir pu défendre, avec des gens à pied et presque tous blessés, un camp attaqué par une redoutable cavalerie.

Il devait bien voir que le succès était impossible, et se hâter de retourner ve s Damiette, mais il ne pouvait s'y décider. Sans doute, le grand nombre de blessés qui se trouvaient dans le camp rendait la chose difficile; mais les malades augmentaient chaque jour. Cette armée, campant sur les vases de l'Égypte, nourrie principalement des barbots du Nil, qui mangeaient tant de cadavres, avait contracté d'étranges et hideuses maladies. Leur chair gonflait, pourrissait autour de leurs gencives, et pour qu'ils avalassent, on était obligé de la leur couper; ce n'était par tout le camp que des cris douloureux comme de femmes en mal d'enfant; chaque jour augmentait le nombre des morts. Un jour, pendant l'épidémie, Joinville, malade et entendant la messe de son lit, fut obligé de se lever et de soutenir son aumônier prêt à s'évanouir. "Ainsi soutenu, il acheva son sacrement, parchanta la messe tout entièrement: ne oncques plus ne chanta."

Ces morts faisaient horreur, chacun craignait de les toucher et de leur donner la sépulture; en vain le roi, plein de respect pour ces martyrs, donnait l'exemple et aidait à les enterrer de ses propres mains. Tant de corps abandonnés augmentaient le mal chaque jour; il fallut songer à la retraite pour sauver au moins ce qui restait. Triste et incertaine retraite d'une armée amoindrie, affaiblie, découragée. Le roi, qui avait fini par être malade comme les autres, eût pu se mettre en sûreté, mais il ne voulut jamais abandonner son peuple. Tout mourant qu'il était, il entreprit d'exécuter sa retraite par terre, tandis que les malades étaient embarqués sur le Nil. Sa faiblesse était telle, qu'on fut bientôt obligé de le faire entrer dans une petite maison, et de le déposer sur les genoux *d'une bourgeoise de Paris*, qui se trouvait là.

Cependant, les chrétiens s'étaient vus bientôt arrêtés par les Sarrasins qui les suivaient par terre et les attendaient dans le fleuve. Un immense massacre commença, ils déclarèrent en vain qu'ils voulaient se rendre; les Sarrasins ne craignaient autre chose que le grand nombre des prisonniers; ils les faisaient donc entrer dans un clos, leur demandaient s'ils voulaient renier le Christ. Un grand nombre obéit, entre autres tous les mariniers de Joinville.

Cependant le roi et les prisonniers de marque

avaient été réservés. Le sultan ne voulait pas les délivrer, à moins qu'ils ne rendissent Jérusalem ; ils
objectèrent que cette ville était à l'empereur d'Allemagne, et offrirent Damiette avec quatre cent mille
besans d'or. Le sultan avait consenti, lorsque les
mameluks, auxquels il devait sa victoire, se révoltent
et l'égorgent au pied des galères où les Français étaient
détenus. Le danger était grand pour ceux-ci ; les
meurtriers pénétrèrent en effet jusqu'auprès du roi.
Celui même qui avait arraché le cœur au soudan vint
au roi, sa main tout ensanglantée, et lui dit : "Que
me donneras-tu, que je t'aie occis ton ennemi, qui
t'eût fait mourir s'il eût vécu ?" Et le roi ne lui répondit oncques rien. "Il en vint bien trente, les épées
toutes nues et les haches danoises aux mains dans notre
galère, continue Joinville. Je demandai à monseigneur
Baudouin d'Ibelin, qui savait bien le sarrasinois, ce
que ces gens disoient ; et il me répondit qu'ils disoient
qu'ils nous venoient les têtes trancher. Il y avoit tout
plein de gens qui se confessoient à un frère de la
Trinité, qui étoit au comte Guillaume de Flandre ;
mais, quant à moi, je ne me souvins oncques de péché
que j'eusse fait. Ainçois me pensai que plus je me
défendrois ou plus je me gauchirois, pis me vaudroit.
Et lors me signai et m'agenouillai aux pieds de l'un
d'eux qui tenoit une hache danoise à charpentier, et
dis : 'Ainsi mou.ut sainte Agnès.' Messire Gui d'Ibelin,
connétable de Chypre, s'agenouilla à côté de moi, et
je lui dis : 'Je vous absous de tel pouvoir comme
Dieu m'a donné.' Mais quand je me levai d'illec, il
ne me souvint oncques de chose qu'il m'eût dite ni
racontée."

Il y avait trois jours que Marguerite avait appris la

captivité de son mari, lorsqu'elle accoucha d'un fils nommé Jean, et qu'elle surnomma Tristan. Elle faisait coucher au pied de son lit, pour se rassurer, un vieux chevalier âgé de quatre-vingts ans. Peu de temps avant d'accoucher, elle s'agenouilla devant lui et lui requit un don, et le chevalier le lui octroya par son serment, et elle lui dit : "Je vous demande, par la foi que vous m'avez baillée, que si les Sarrasins prennent cette ville, que vous me coupiez la tête avant qu'ils me prennent"; et le chevalier répondit : "Soyez certaine que je le ferai volontiers, car je l'avois bien pensé que je vous occirois avant qu'ils vous eussent pris." Rien ne manquait au malheur et à l'humiliation de saint Louis. Les Arabes chantèrent sa défaite, et plus d'un peuple chrétien en fit des feux de joie. Il resta pourtant un an à la terre sainte pour aider à la défendre, au cas que les mameluks poursuivissent leur victoire hors de l'Égypte. Il releva les murs des villes, fortifia Césarée, Jaffa, Sidon, Saint-Jean-d'Acre, et ne se sépara de ce triste pays que lorsque les barons de la terre sainte lui eurent eux-mêmes assuré que son séjour ne pouvait plus leur être utile. Il venait d'ailleurs de recevoir une nouvelle qui lui faisait un devoir de retourner au plus tôt en France. Sa mère était morte; malheur immense pour un tel fils qui, pendant si longtemps, n'avait pensé que par elle, qui l'avait quittée malgré elle pour cette désastreuse expédition, où il devait laisser sur la terre infidèle un de ses frères, tant de loyaux serviteurs, les os de tant de martyrs. La vue de la France elle-même ne put le consoler. "Si j'endurais seul la honte et le malheur, disait-il à un évêque, si mes péchés n'avaient pas tourné au préjudice de l'Église universelle, je me résignerais. Mais, hélas! toute la chrétienté est tombée par moi dans l'opprobre et la confusion."

L'état où il retrouvait l'Europe n'était pas propre à le consoler. Le revers qu'il déplorait était encore le moindre des maux de l'Église; c'en était un bien autre que cette inquiétude extraordinaire qu'on remarquait dans tous les esprits. Le mysticisme, répandu dans le peuple par l'esprit des croisades, avait déjà porté son fruit, l'enthousiasme sauvage de la liberté politique et religieuse. Ce caractère révolutionnaire du mysticisme, qui devait se produire nettement dans les jacqueries des siècles suivants, particulièrement dans la révolte des paysans de Souabe en 1525, et des anabaptistes en 1538, apparut déjà dans l'insurrection des *Pastoureaux*, qui éclata pendant l'absence de saint Louis. C'étaient les plus misérables habitants des campagnes, des bergers surtout, qui, entendant dire que le roi était prisonnier, s'armèrent, s'attroupèrent, formèrent une grande armée, déclarèrent qu'ils voulaient aller le délivrer. Peut-être fut-ce un prétexte, peut-être l'opinion que le pauvre peuple s'était déjà formée de Louis lui avait-elle donné un immense et vague espoir de soulagement et de délivrance. Ce qui est certain, c'est que ces bergers se montraient partout ennemis des prêtres et les massacraient; ils conféraient eux-mêmes les sacrements. Ils reconnaissaient pour chef un homme inconnu, qu'ils appelaient le grand maître de Hongrie. Ils traversèrent impunément Paris, Orléans, une grande partie de la France. On parvint cependant à dissiper et détruire ces bandes.

Saint Louis, de retour, sembla repousser longtemps toute pensée, toute ambition étrangère; il s'enferma avec un scrupule inquiet dans son devoir de chrétien,

comprenant toutes les vertus de la royauté dans les
pratiques de la dévotion, et s'imputant à lui-même
comme péché tout désordre public. Les sacrifices ne
lui coûtèrent rien pour satisfaire cette conscience
timorée et inquiète. Malgré ses frères, ses enfants,
ses barons, ses sujets, il restitua au roi d'Angleterre le Périgord, le Limousin, l'Agénois, et ce qu'il
avait en Quercy et en Saintonge, à condition que
Henri renonçât à ses droits sur la Normandie, la
Touraine, l'Anjou, le Maine et le Poitou (1258). Les
provinces cédées ne le lui pardonnèrent jamais, et
quand il fut canonisé, elles refusèrent de célébrer sa
fête.

Cette préoccupation excessive des choses de la conscience aurait ôté à la France toute action extérieure.
Mais la France n'était pas encore dans la main du roi.
Le roi se resserrait, se retirait en soi. La France dé-
bordait au dehors.

D'une part, l'Angleterre, gouvernée par des Poitevins, par des Français du Midi, s'affranchit d'eux par
le secours d'un Français du Nord, Simon de Montfort,
comte de Leicester, second fils du fameux Montfort,
chef de la croisade des Albigeois. De l'autre côté, les
Provençaux, sous Charles d'Anjou, frère de saint Louis,
conquirent le royaume des Deux-Siciles, et consom-
mèrent en Italie la ruine de la maison de Souabe.

Le roi d'Angleterre, Henri III, avait porté la peine
des fautes de Jean. Son père lui avait légué l'humiliation et la ruine. Il n'avait pu se relever qu'en se
mettant sans réserve entre les mains de l'Église; autrement les Français lui prenaient l'Angleterre, comme
ils avaient pris la Normandie. Le pape usa et abusa de
son avantage; il donna à des Italiens tous les bénéfices

d'Angleterre, ceux même que les barons Normands avaient fondés pour les ecclésiastiques de leur famille. Les barons ne souffraient pas patiemment cette tyrannie de l'Église, et s'en prenaient au roi, qu'ils accusaient de faiblesse. Serré entre ces deux partis, et recevant tous les coups qu'ils portaient, à qui le roi pouvait-il se fier ? à nul autre qu'à nos Français du Midi, aux Poitevins surtout, compatriotes de sa mère.

Ces méridionaux, élevés dans les maximes du droit romain, étaient favorables au pouvoir monarchique, et naturellement ennemis des barons. C'était l'époque où saint Louis accueillait les traditions du droit impérial, et introduisait, bon gré mal gré, l'esprit de Justinien dans la loi féodale. En Allemagne, Frédéric II s'efforçait de faire prévaloir les mêmes doctrines. Ces tentatives eurent un sort différent ; elles contribuèrent à l'élévation de la royauté en France, et la ruinèrent en Angleterre et en Allemagne.

Pour imposer à l'Angleterre l'esprit du Midi, il eût fallu des armées permanentes, des troupes mercenaires, et beaucoup d'argent. Henri III ne savait où en prendre ; le peu qu'il obtenait, les intrigants qui l'environnaient mettaient la main dessus. Il ne faut pas oublier d'ailleurs une chose importante, c'est la disproportion qui se trouvait nécessairement alors entre les besoins et les ressources. Les besoins étaient déjà grands ; l'ordre administratif commençait à se constituer ; on essayait des armées permanentes. Les ressources étaient faibles, ou nulles ; la production industrielle, qui alimente la prodigieuse consommation du fisc dans les temps modernes, avait à peine commencé. C'était encore l'âge du privilège ; les barons, le clergé, tout le monde, avaient à alléguer tel ou tel droit pour ne rien

payer. Depuis la grande charte surtout, une foule
d'abus lucratifs ayant été supprimés, le gouvernement
anglais semblait n'être plus qu'une méthode pour faire
mourir le roi de faim.

La grande charte ayant posé l'insurrection en principe et constitué l'anarchie, une seconde crise était
nécessaire pour asseoir un ordre régulier, pour intro-
duire entre le roi, le pape et le baronnage un élément
nouveau, le peuple, qui peu à peu les mit d'accord.
A une révolution, il faut un homme; ce fut Simon
de Montfort; ce fils du conquérant du Languedoc
était destiné à poursuivre sur les ministres poitevins
d'Henri III la guerre héréditaire de sa famille contre
les hommes du Midi. Marguerite de Provence, femme
de saint Louis, haïssait ces Montfort, qui avaient fait
tant de mal à son pays. Simon pensa qu'il ne gagnerait
rien à rester à la cour de France, et passa en Angleterre.
Les Montfort, comtes de Leicester, appartenaient aux
deux pays. Le roi Henri combla Simon; il lui donna
sa sœur, et l'envoya en Guyenne réprimer les troubles
de ce pays. Simon s'y conduisit avec tant de dureté
qu'il fallut le rappeler. Alors il tourna contre le roi.
Ce roi n'avait jamais été plus puissant en apparence,
ni plus faible en réalité. Il s'imaginait qu'il pourrait
acheter pièce à pièce les dépouilles de la maison de
Souabe. Son frère, Richard de Cornouailles, venait
d'acquérir, argent comptant, le titre d'empereur, et le
pape avait concédé à son fils celui de roi de Naples.
Cependant toute l'Angleterre était pleine de troubles.
On n'avait su d'autre remède à la tyrannie pontificale
que d'assassiner les courriers, les agents du pape; une
association s'était formée dans ce but. En 1258, un
parlement fut assemblé à Oxford; c'est la première fois

que les assemblées prennent ce titre. Le roi y avait
de nouveau juré la grande charte, et s'était mis en
tutelle entre les mains de vingt-quatre barons. Au
bout de six ans de guerre, les deux partis invoquèrent
l'arbitrage de saint Louis. Le pieux roi, également
inspiré de la Bible et du droit romain, décida qu'*il
fallait obéir aux puissances*, et annula les statuts d'Oxford, déjà cassés par le pape. Le roi Henri devait
rentrer en possession de toute sa puissance, sauf les
chartes et louables coutumes du royaume d'Angleterre
antérieures aux statuts d')xford (1264).

Aussi les confédérés ne prirent cette sentence arbitrale
que comme un signal de guerre. Simon de Montfort
eut recours à un moyen extrême. Il intéressa les villes
à la guerre en introduisant leurs représentants dans le
parlement. Étrange destinée de cette famille! Au XIIe
siècle, un des ancêtres de Montfort avait conseillé à
Louis le Gros, après la bataille de Brenneville, d'armer
les milices communales.

Son père, l'exterminateur des Albigeois, avait détruit
les municipes du midi de la France. Lui, il appela
les communes d'Angleterre à la participation des droits
politiques, essayant toutefois d'associer la religion à
ses projets, et de faire de cette guerre une croisade.

Quelque consciencieuse et impartiale que fût la dé-
cision de saint Louis, elle était téméraire, ce semble;
l'avenir devait juger ce jugement. C'était la première
fois qu'il sortait de cette réserve qu'il s'était jusqu'alors
imposée. Sans doute, à cette époque, l'influence du
clergé d'une part, de l'autre celle des légistes, le pré-
occupaient de l'idée du droit absolu de la royauté.
Cette grande et subite puissance de la France, pendant
les discordes et l'abaissement de l'Angleterre et de

l'Empire, était une tentation. Elle portait Louis à quitter peu à peu le rôle de médiateur pacifique qu'il s'était contenté autrefois de jouer entre le pape et l'empereur.

L'illustre et infortunée maison de Souabe était abattue; le pape mettait à l'encan ses dépouilles. Il les offrait à qui en voudrait, au roi d'Angleterre, au roi de France. Louis refusa d'abord pour lui-même, mais il permit à son frère Charles d'accepter. C'était mettre un royaume de plus dans sa maison, mais aussi sur sa conscience le poids d'un royaume. L'Église, il est vrai, répondait de tout. Le fils du grand Frédéric II, Conrad, et le bâtard Manfred, étaient, disait-on, des impies, des ennemis du pape, des princes plus mahométans que chrétiens. Cependant, tout cela suffisait-il pour qu'on leur prît leur héritage? et si Manfred était coupable, qu'avait fait le fils de Conrad, le pauvre petit Corradino, le dernier rejeton de tant d'empereurs? Il avait à peine trois ans.

Ce frère de saint Louis, ce Charles d'Anjou, dont son admirateur Villani a laissé un portrait si terrible, cet *homme noir*, *qui dormait peu*, fut un démon tentateur pour saint Louis. Il avait épousé Béatrix, la dernière des quatre filles du comte de Provence. Les trois aînées étaient reines, et faisaient asseoir Béatrix sur un escabeau à leurs pieds. Celle-ci irritait encore l'âme violente et avide de son mari; il lui fallait aussi un trône à elle, et n'importe à quel prix. La Provence, comme l'héritière de Provence, devait souhaiter une consolation pour l'hymen odieux qui la soumettait aux Français; si les vaisseaux de Marseille assujettie portaient le pavillon de la France, il fallait qu'au moins ce pavillon triomphât sur les mers, et humiliât ceux des Italiens.

Je ne puis raconter la ruine de cette grande et malheureuse maison de Souabe, sans revenir sur ses destinées, qui ne sont autres que la lutte du sacerdoce et de l'Empire. Qu'on m'excuse de cette digression. Cette famille périt; c'est la dernière fois que nous devons en parler.

La maison de Franconie et de Souabe, d'Henri IV à Frédéric Barberousse, de celui-ci à Frédéric II, et jusqu'à Corradino, en qui elle devait s'éteindre, présenta, au milieu d'une foule d'actes violents et tyranniques, un caractère qui ne permet pas de rester indifférent à son sort: ce caractère est l'héroïsme des affections privées. C'était le trait commun de tout le parti gibelin: le dévouement de l'homme à l'homme. Jamais, dans leurs plus grands malheurs, ils ne manquèrent d'amis prêts à combattre et mourir volontiers pour eux. Et ils le méritaient par leur magnanimité. C'est à Godefroy de Bouillon, au fils des ennemis héréditaires de sa famille, qu'Henri IV remit le drapeau de l'Empire; on sait comment Godefroy reconnut cette confiance admirable. Le jeune Corradino eut son Pylade dans le jeune Frédéric d'Autriche, enfants héroïques que le vainqueur ne sépara pas dans la mort. La patrie elle-même, que les Gibelins d'Italie troublèrent tant de fois, elle leur était chère, alors même qu'ils l'immolaient. Dante a placé dans l'enfer le chef des Gibelins de Florence, Farinata degli Uberti. Mais, de la façon dont il en parle, il n'est point de noble cœur qui ne voudrait place à côté d'un tel homme sur la couche de feu. "Hélas! dit l'ombre héroïque, je n'étais pas seul à la bataille où nous vainquîmes Florence, mais au conseil où les vainqueurs proposaient de la détruire, je parlai seul et la sauvai."

Un tout autre esprit semble avoir dominé chez les Guelfes. Ceux-ci, vrais Italiens, amis de l'Église tant qu'elle le fut de la liberté, sombres niveleurs, voués au raisonnement sévère, et prêts à immoler le genre humain à une idée. Pour juger ce parti, il faut l'observer, soit dans l'éternelle tempête qui fut la vie de Gênes, soit dans l'épuration successive par où Florence descendit, comme dans les cercles d'un autre enfer de Dante, des Gibelins aux Guelfes, des Guelfes blancs aux Guelfes noirs, puis de ceux-ci sous la terreur de la *Société guelfe*. Là, elle demanda, comme remède, le mal même qui lui avait fait horreur dans les Gibelins, la tyrannie; tyrannie violente, et puis tyrannie douce, quand le sentiment s'émoussa.

Ce dur esprit guelfe, qui n'épargna pas même Dante, qui fit sa route et par l'alliance de l'Église, et par celle de la France, crut atteindre son but dans la proscription des nobles. On rasa leurs châteaux hors des villes; dans les villes, on prit leurs maisons fortes; on les mit si bas, ces Uberti de Florence, ces Doria de Gênes, que, dans cette dernière ville, on anoblissait pour dégrader, et que pour récompenser un noble, on l'élevait à la dignité de plébéien. Alors les marchands furent contents et se crurent forts. Ils dominèrent les campagnes à leur tour, comme avaient fait les citoyens des villes antiques. Toutefois, que substituèrent-ils à la noblesse, au principe militaire qu'ils avaient détruit? des soldats de louage qui les trompèrent, les rançonnèrent et devinrent leurs maîtres, jusqu'à ce que les uns et les autres fussent accablés par l'invasion des étrangers.

Telle fut, en deux mots, l'histoire du vrai parti italien, du parti guelfe. Quant au parti gibelin ou

allemand, il périt ou changea de forme dès qu'il ne
fut plus allemand et féodal. Il subit une métamor-
phose hideuse, devint tyrannie pure, et renouvela,
par Eccelino et Galeas Visconti, tout ce que l'antiquité avait raconté ou inventé des Phalaris et des
Agathocle.

L'acquisition du royaume de Naples qui, en apparence, élevait si haut la maison de Souabe, fut juste-
ment ce qui la perdit. Elle entreprit de former le plus
bizarre mélange d'éléments ennemis, d'unir et de
mêler les Allemands, les Italiens et les Sarrasins. Elle
amena ceux-ci à la porte de l'Église ; et par ses colonies
mahométanes de Luceria et de Nocera, elle constitua
la papaute en état de siège. Alors devait commencer
un duel à mort. D'autre part, l'Allemagne ne s'ac-
commoda pas mieux d'un prince tout sicilien, qui voulait faire prévaloir chez elle le droit romain, c'est-à-dire
le nivellement de l'ancien empire ; la seule loi de suc-
cession, en rendant les partages égaux entre les frères,
eût divisé et abaissé toutes les grandes maisons. La
dynastie de Souabe fut haïe en Allemagne comme
italienne, en Italie comme allemande ou comme arabe ;
tout se retira d'elle. Frédéric II vit son beau-père,
Jean de Brienne, saisir le temps où il était à la terre
sainte pour lui enlever Naples. Son propre fils, Henri,
qu'il avait désigné son héritier, renouvela contre lui la
révolte d'Henri V contre son père, tandis que son
autre fils, le bel Enzio, était enseveli pour toujours dans
les prisons de Bologne. Enfin, son chancelier, son ami
le plus cher, Pierre des Vignes, tenta de l'empoisonner.
Après ce dernier coup, il ne restait plus qu'à se voiler
la tête, comme César aux ides de mars. Frédéric
abjura toute ambition, demanda à résigner tout pour

se retirer à la terre sainte; il voulait, du moins, mourir
en paix. Le pape ne le permit pas.

Alors le vieux lion s'enfonça dans la cruauté; au
siège de Parme, il faisait chaque jour décapiter quatre
de ses prisonniers. Il protégea l'horrible Eccelino, lui
donna le vicariat de l'Empire, et l'on vit par toute
l'Italie mendier leur pain des hommes, des femmes
mutilés, qui racontaient les vengeances du vicaire impérial.

Frédéric mourut à la peine, et le pape en poussa des
cris de joie. Son fils Conrad n'apparut dans l'Italie
que pour mourir aussi. Alors l'Empire échappa à
cette maison; le frère du roi d'Angleterre et le roi de
Castille se crurent tous deux empereurs. Le fils de
Conrad, le petit Corradino, n'était pas en âge de dis-
puter rien à personne; mais le royaume de Naples
resta au bâtard Manfred, au vrai fils de Frédéric II,
brillant, spirituel, débauché, impie comme son père,
homme à part, que personne n'aima ni ne haït à demi.
Il se faisait gloire d'être bâtard, comme tant de héros
et de dieux païens. Tout son appui était dans les Sarrasins, qui lui gardaient les places et les trésors de son
père. Il ne se fiait guère qu'à eux; il en avait appelé
neuf mille encore de Sicile, et dans sa dernière bataille,
c'est à leur tête qu'il chargeait l'ennemi.

On prétend que Charles d'Anjou dut sa victoire à
l'ordre déloyal qu'il donna aux siens *de frapper aux
chevaux*. C'était agir contre toute chevalerie. Au reste,
ce moyen était peu nécessaire; la gendarmerie française avait trop d'avantage sur une armée composée
principalement de troupes légères. Quand Manfred
vit les siens en fuite, il voulut mourir et attacha son
casque, mais il tomba par deux fois. *Hoc est signum*

Dei, dit-il; il se jeta à travers les Français et y trouva la mort. Charles d'Anjou voulait refuser la sépulture au pauvre excommunié; mais les Français eux-mêmes apportèrent chacun une pierre, et lui dressèrent un tombeau.

Cette victoire facile n'adoucit pas davantage le farouche conquérant de Naples. Il lança par tout le pays une nuée d'agents avides, qui, fondant comme des sauterelles, mangèrent le fruit, l'arbre et presque la terre. Les choses allèrent si loin que le pape lui-même, qui avait appelé le fléau, se repentit et fit des remontrances à Charles d'Anjou. Les plaintes retentissaient dans toute l'Italie, et au delà des Alpes. Tout le parti gibelin de Naples, de Toscane, Pise surtout, implorait le secours du jeune Corradino. La mère de l'héroïque enfant le retint longtemps, inquiète de le voir si jeune encore entrer dans cette funèbre Italie où toute sa famille avait trouvé son tombeau. Mais dès qu'il eut quinze ans, il n'y eut plus moyen de le retenir. Son jeune ami, Frédéric d'Autriche, dépouillé comme lui de son héritage, s'associa à sa fortune. Ils passèrent les Alpes avec une nombreuse chevalerie. Parvenus à peine dans la Lombardie, le duc de Bavière s'alarma et laissa le jeune fils des empereurs poursuivre son périlleux voyage, avec trois ou quatre mille hommes d'armes seulement. Quand ils passèrent devant Rome, le pape, qu'on en avertit, dit seulement: "Laissons aller ces victimes."

Cependant la petite troupe avait grossi: outre les Gibelins d'Italie, des nobles espagnols réfugiés à Rome avaient pris parti pour lui, comme dans un duel ils auraient tiré l'épée pour le plus faible. Il y avait une grande ardeur dans cette armée. Lorsqu'ils rencontrèrent, derrière le Tagliacozzo, l'armée de Charles d'Anjou, ils passèrent hardiment le fleuve et dispersèrent tout ce qu'ils trouvèrent devant eux. Ils croyaient la victoire gagnée, lorsque Charles, qui, sur l'avis d'un vieux et rusé chevalier, s'était retiré derrière une colline avec ses meilleurs gendarmes, vint tomber sur les vainqueurs fatigués et dispersés. Les Espagnols seuls se rallièrent et furent écrasés.

Corradino était pris, l'héritier légitime, le dernier rejeton de cette race formidable; grande tentation pour le féroce vainqueur. Il se persuada, sans doute par une interprétation forcée du droit romain, qu'un ennemi vaincu pouvait être traité comme criminel de lèse-majesté; et d'ailleurs l'ennemi de l'Église n'était-il pas hors de tout droit? On prétend que le pape le confirma dans ce sentiment et lui écrivit: *Vita Corradini mors Caroli.* Charles nomma parmi ses créatures des juges pour faire le procès à son prisonnier. Mais la chose était si inouïe qu'entre ces juges mêmes il s'en trouva pour défendre Corradino; les autres se turent. Un seul condamna, et il se chargea de lire la sentence sur l'échafaud. Ce ne fut pas impunément. Le propre gendre de Charles d'Anjou, Robert de Flandre, sauta sur l'échafaud, et tua le juge d'un coup d'épée en disant: "Il ne t'appartient pas, misérable, de condamner à mort si noble et si gentil seigneur!"

Le malheureux enfant n'en fut pas moins décapité avec son inséparable ami, Frédéric d'Autriche. Il ne laissa échapper aucune plainte: "O ma mère, quelle dure nouvelle on va vous rapporter de moi!" Puis il jeta son gant dans la foule; ce gant, dit-on, fidèlement ramassé, fut porté à la sœur de Corradino, à son beau-frère le roi d'Aragon. On sait les Vêpres siciliennes.

Un mot encore, un dernier mot sur la maison de
Souabe. Une fille en restait, qui avait été mariée au
duc de Saxe, quand toute l'Europe était aux pieds de
Frédéric II. Lorsque cette famille tomba, lorsque les
papes poursuivirent par tout le monde ce qui restait
de cette race de vipères, le Saxon se repentit d'avoir
pris pour femme la fille de l'empereur. Il la frappa
brutalement; il fit plus, il la blessa au cœur en plaçant
à côté d'elle, dans son propre château et à sa table,
une odieuse concubine, à laquelle il voulait la forcer
de rendre hommage. L'infortunée, jugeant bien que
bientôt il voudrait son sang, résolut de fuir. Un fidèle
serviteur de sa maison lui amena un bateau sur l'Elbe,
au pied de la roche qui dominait le château. Elle devait
descendre par une corde, au péril de sa vie. Ce n'était
pas le péril qui l'a rêtait; mais elle laissait un petit
enfant. Au moment de partir, elle voulut le voir encore
et l'embrasser, endormi dans son berceau. Ce fut là
un déchirement! Dans le transport de la douleur
maternelle, elle ne l'embrassa pas, elle le mordit. Cet
enfant vécut; il est connu dans l'histoire sous le nom
de Frédéric *le Mordu*; ce fut le plus implacable ennemi
de son père.

Jusqu'à quel point saint Louis eut-il part à cette
barbare conquête de Charles d'Anjou, il est difficile
de le déterminer. C'est à lui que le pape s'était adressé
pour avoir vengeance de la maison de Souabe, "comme
à son défenseur, comme à son bras droit." Nul doute
qu'il n'ait du moins autorisé l'entreprise de son frère.
Le dernier et le plus sincère représentant du moyen
âge devait en épouser aveuglément la violence religieuse. Cette guerre de Sicile était encore une croisade.
Faire la guerre aux Hohenstaufen, alliés des Arabes,

c'était encore combattre les infidèles ; c'était une œuvre pieuse d'enlever à la maison de Souabe cette Italie du Midi qu'elle livrait aux Arabes de Sicile, de fermer l'Europe à l'Afrique, la chrétienté au mahométisme. Ajoutez que le principe du moyen âge, déjà attaqué de tout côté, devenait plus âpre et plus violent dans les âmes qui lui restaient fidèles. Personne ne veut mourir, pas plus les systèmes que les individus. Ce vieux monde, qui sentait la vie lui échapper tout à l'heure, se contractait et devenait plus farouche. Commençant lui-même à douter de soi, il n'en était que plus cruel pour ceux qui doutaient. Les âmes les plus douces éprouvaient, sans se l'expliquer, le besoin de se confirmer dans la foi par l'intolérance.

Croire et frapper, se donner bien de garde de raisonner et de discourir, fermer les yeux pour anéantir la lumière, combattre à tâtons, telle était la pensée enfantine du moyen âge. C'est le principe commun des persécutions religieuses et des croisades. Cette idée s'affaiblissait singulièrement dans les âmes au XIIᵉ siècle. L'horreur pour les Sarrasins avait diminué ; le découragement était venu et la lassitude. L'Europe sentait confusément qu'elle avait peu de prise sur cette massive Asie. On avait eu le temps, en deux siècles, d'apprendre à fond ce que c'était que ces effroyables guerres. Les croisés qui, sur la foi de nos poëmes chevaleresques, avaient été chercher des empires de Trébizonde, des paradis de Jéricho, des Jérusalem d'émeraude et de saphir, n'avaient trouvé qu'âpres vallées, cavalerie de vautours, tranchant acier de Damas, désert aride, et la soif sous le maigre ombrage du palmier. La croisade avait été ce fruit perfide des bords de la mer Morte, qui aux yeux offrait une orange, et qui dans la bouche n'était plus que cendre. L'Europa regarda de moins en moins vers l'Orient. On crut avoir assez fait, on négligea la terre sainte, et quand elle fut perdue, c'est à Dieu qu'on s'en prit de sa perte : "Dieu a donc juré, dit un troubadour, de ne laisser vivre aucun chrétien, et de faire une mosquée de Sainte-Marie de Jérusalem ? Et puisque son fils, qui devrait s'y opposer, le trouve bon, il y aurait de la folie à s'y opposer. Dieu dort, tandis que Mahomet fait éclater son pouvoir. Je voudrais qu'il ne fût plus question de croisade contre les Sarrasins, puisque Dieu les protège contre les chrétiens."

Cependant la Syrie nageait dans le sang. Après les Mongols, et contre eux, arrivèrent les mameluks d'Égypte ; cette féroce milice, recrutée d'esclaves et nourrie de meurtres, enleva aux chrétiens les dernières places qu'ils eussent alors en Syrie : Césarée, Arzuf, Saphet, Japha, Belfort, enfin la grande Antioche tombèrent successivement. Il y eut je ne sais combien d'hommes égorgés pour n'avoir pas voulu renier leur foi : plusieurs furent écorchés vifs. Dans la seule Antioche, dix-sept mille furent passés au fil de l'épée, cent mille vendus en esclavage.

A ces terribles nouvelles, il y eut en Europe tristesse et douleur, mais aucun élan. Saint Louis seul reçut la plaie dans son cœur. Il ne dit rien, mais écrivit au pape qu'il allait prendre la croix. Clément IV, qui était un habile homme et plus légiste que prêtre, essaya de l'en détourner ; il semblait qu'il jugeât la croisade de notre point de vue moderne, qu'il comprît que cette dernière entreprise ne produirait rien encore. Mais il était impossible que l'homme du moyen âge, son vrai fils, son dernier enfant abandonnât le service de Dieu, qu'il reniât ses pères, les héros des croisades, qu'il laissât au vent les os des martyrs, sans entreprendre de les inhumer. Il ne pouvait rester assis dans son palais de Vincennes, pendant que le mameluk égorgeait les chrétiens, ou tuait leurs âmes en leur arrachant leur foi. Saint Louis entendait de la sainte Chapelle les gémissements des mourants de la Palestine, et les cris des vierges chrétiennes. Dieu renié en Asia, maudit en Europe pour les triomphes de l'infidèle, tout cela pesait sur l'âme du pieux roi. Il n'était d'ailleurs revenu qu'à regret de la terre sainte. Il en avait emporté un trop poignant souvenir ; la désolation d'Égypte, les merveilleuses tristesses du désert, l'occasion perdue du martyre : c'étaient là des regrets pour l'âme chrétienne.

Le 25 mai 1267, ayant convoqué ses barons dans la grande salle du Louvre, il entra au milieu d'eux tenant dans ses mains la sainte couronne d'épines. Tout faible qu'il était et maladif par suite de ses austérités, il prit la croix, il la fit prendre à ses trois fils, et personne n'osa faire autrement. Ses frères, Alphonse de Poitiers, Charles d'Anjou, l'imitèrent bientôt, ainsi que le roi de Navarre, comte de Champagne, ainsi que les comtes d'Artois, de Flandre, le fils du comte de Bretagne, une foule de seigneurs ; puis les rois de Castille, d'Aragon, de Portugal et les deux fils du roi d'Angleterre. Saint Louis s'efforçait d'entraîner tous ses voisins à la croisade, il se portait pour arbitre de leurs différends, il les aidait à s'équiper. Il donna soixante-dix mille livres tournois aux fils du roi d'Angleterre. En même temps, pour s'attacher le Midi, il appelait pour la première fois les représentants des bourgeois aux assemblées des sénéchaussées de

Carcassonne et de Beaucaire. C'est le commencement des états de Languedoc.

La croisade était si peu populaire que le sénéchal de Champagne, Joinville, malgré son attachement pour le saint roi, se dispensa de le suivre. Ses paroles, à ce sujet, peuvent être données comme l'expression de la pensée du temps :

"Avint ainsi comme Dieu voult que je me dormis à matines, et me fu avis en dormant que je véoie le roy devant un autel à genoillons, et m'estoit avis que plusieurs prélas revestus le vestoient d'une chesuble vermeille de sarge de Reins." Le chapelain de Joinville lui expliqua que ce rêve signifiait que le roi se croiserait, et que la serge de Reims voulait dire que la croisade "serait de petit esploit." — "Je entendi que touz ceulz firent péché mortel, qui li loérent l'allée." — "De la voie que il fist à Thunes ne weil (veux)-je riens conter ne dire, pource que je n'i fu pas, la merci Dieu."

Cette grande armée, lentement rassemblée, découragée d'avance et partant à regret, traîna deux mois dans les environs malsains d'Aigues-Mortes. Personne ne savait encore de quel côté elle allait se diriger. L'effroi était grand en Égypte. On ferma la bouche pélusiaque du Nil, et depuis elle est restée comblée. L'empereur grec, qui craignait l'ambition de Charles d'Anjou, envoya cffrir la réunion des deux Églises.

Cependant l'armée s'embarqua sur des vaisseaux génois. Les Pisans, Gibelins et ennemis de Gênes, craignirent pour la Sardaigne, et fermèrent leurs ports. Saint Louis obtint à grand'peine que ses malades, déjà fort nombreux, fussent reçus à terre. Il y avait plus de vingt jours qu'on était en mer. Il était impossible, avec cette lenteur, d'atteindre l'Égypte ou la terre sainte. On persuada au roi de cingler vers Tunis. C'était l'intérêt de Charles d'Anjou, souverain de la Sicile. Il fit croire à son frère que l'Égypte tirait de grands secours de Tunis ; peut-être s'imagina-t-il, dans son ignorance, que de l'une il était facile de passer dans l'autre. Il croyait d'abord que l'apparition d'une armée chrétienne déciderait le soudan de Tunis à se convertir. Ce pays était en relations amicales avec la Castille et la France. Naguère saint Louis faisant baptiser à Saint-Denis un juif converti, il voulut que les ambassadeurs de Tunis assistassent à la cérémonie, et il leur dit ensuite : "Rapportez à votre maître que je désire si fort le salut de son âme, que je voudrais être dans les prisons des Sarrasins pour le reste de ma vie et ne jamais revoir la lumière du jour si je pouvais, à ce prix, rendre votre roi et son peuple chrétiens comme cet homme."

Une expédition pacifique qui eût seulement intimidé le roi de Tunis et l'eût décidé à se convertir, n'était pas ce qu'il fallait aux Génois, sur les vaisseaux desquels saint Louis avait passé ; la plupart des croisés aimaient mieux la violence. On disait que Tunis était une riche ville, dont le pillage pouvait les dédommager de cette dangereuse expédition. Les Génois, sans égard aux vues de saint Louis, commencèrent les hostilités en s'emparant des vaisseaux qu'ils rencontrèrent devant Carthage. Le débarquement eut lieu sans obstacle ; les Maures ne paraissaient que pour provoquer, se faire poursuivre et fatiguer les chrétiens. Après avoir langui quelques jours sur la plage brûlante, les chrétiens s'avancèrent vers le château de Carthage. Ce qui restait de la grande rivale de Rome se réduisait à un fort gardé par deux cents soldats. Les Génois s'en emparèrent; les Sarrasins, réfugiés dans les voûtes ou les souterrains, furent égorgés ou suffoqués par la fumée ou la flamme. Le roi trouva ces ruines pleines de cadavres, qu'il fit ôter pour y loger avec les siens. Il devait attendre à Carthage son frère, Charles d'Anjou, avant de marcher sur Tunis. La plus grande partie de l'armée resta sous le soleil d'Afrique, dans la profonde poussière du sable soulevé par les vents, au milieu des cadavres et de la puanteur des morts. Tout autour rôdaient les Maures qui enlevaient toujours quelqu'un. Point d'arbres, point de nourriture végétale; pour eau, des mares infectes, des citernes pleines d'insectes rebutants. En huit jours, la peste avait éclaté; les comtes de Vendôme, de la Marche, de Viane, Gaultier de Nemours, maréchal de France, les sires de Montmorency, de Piennes, de Brissac, de Saint-Briçon, d'Apremont, étaient déjà morts. Le légat les suivit bientôt. N'ayant plus la force de les ensevelir, on les jetait dans le canal, et les eaux en étaient couvertes. Cependant le roi et ses fils étaient eux-mêmes malades: le plus jeune mourut sur son vaisseau, et ce ne fut que huit jours après que le confesseur de saint Louis prit sur lui de le lui apprendre. C'était le plus chéri de ses enfants; sa mort, annoncée à un père mourant, était pour celui-ci une attache de moins à la terre, un appel de Dieu, une tentation de mourir. Aussi, sans trouble et sans regret, accomplit-il cette dernière œuvre de la vie chrétienne, répondant les litanies et les psaumes, dictant pour son fils une belle et touchante instruction, accueillant même les ambassadeurs des Grecs, qui venaient le prier d'intervenir en leur faveur auprès de son frère Charles d'Anjou, dont l'ambition les menaçait.

Il leur parla avec bonté, il leur promit de s'employer avec zèle, s'il vivait, pour leur conserver la paix; mais, dès le lendemain, il entra lui-même dans la paix de Dieu.

Dans cette dernière nuit, il voulut être tiré de son lit et étendu sur la cendre. Il y mourut, tenant toujours les bras en croix. "Et el jour le lundi, li benoiez (bénoit) rois tendi ses mains jointes au ciel, et dist : Biau sire Diex, aies merci de ce peuple qui ici demeure, et le condui en son pais, que il ne chiée en la main de ses anemis, et que il ne soit contreint renier ton saint non."

"En la nuit devant le jour que il trespassast, endementières (tandis) que il se reposoit, il soupira et dit bassement : 'O Jérusalem! ô Jérusalem!'"

La croisade de saint Louis fut la dernière croisade. Le moyen âge avait donné son idéal, sa fleur et son fruit : il devait mourir. En Philippe le Bel, petit-fils de saint Louis, commencent les temps modernes; le moyen âge est souffleté en Boniface VIII, la croisade brûlée dans la personne des templiers.

L'on parlera longtemps encore de croisade, ce mot sera souvent répété : c'est un mot sonore, efficace pour lever des décimes et des impôts. Mais les grands et les papes savent très bien entre eux ce qu'ils doivent en penser. Quelque temps après (1327), nous voyons le Vénitien Sanuto proposer au pape une croisade commerciale : "Il ne suffisait pas, disait-il, d'envahir l'Égypte, il fallait la ruiner." Le moyen qu'il proposait, c'était de rouvrir au commerce de l'Inde la route de la Perse, de sorte que les marchandises ne passassent plus par Alexandrie et Damiette. Ainsi s'annonce de loin l'esprit moderne; le commerce, et non la religion, va devenir le mobile des expéditions lointaines.

Que l'âge chrétien du monde ait eu sa dernière expression en un roi de France, ce fut une grande chose pour la monarchie et la dynastie. C'est là ce qui rendit les successeurs de saint Louis si hardis contre le clergé. La royauté avait acquis, aux yeux des peuples, l'autorité religieuse et l'idée de la sainteté. Le vrai roi, juste et pieux, équitable juge du peuple, s'était rencontré. Quelle put être, sur les consciencieuses déterminations de cette âme pure et candide, l'influence des légistes, des modestes et rusés conseillers qui, plus tard, se firent si bien connaître? c'est ce que personne ne pouvait apprécier encore.

L'intérêt de la royauté n'étant alors que celui de l'ordre, le pieux roi se voyait sans cesse conduit à lui sacrifier les droits féodaux, que par conscience et désintéressement il eût voulu respecter. Tout ce que ses habiles conseillers lui dictaient pour l'agrandissement du pouvoir royal, il le prononçait pour le bien de la justice. Les subtiles pensées des légistes étaient acceptées, promulguées par la simplicité d'un saint. Leurs décisions, en passant par une bouche si pure, prenaient l'autorité d'un jugement de Dieu.

"Maintes foiz avint que en esté, il aloit seoir au boiz de Vincennes après sa messe, et se acostoioit à un chesne et nous fesoit seoir entour li; et touz ceulz qui avoient à faire venoient parler à li: sans destourbier de huissier ne d'autre. Et lors il leur demandoit de sa bouche: A yl (y a-t-il) ci nullui qui ait partie? Et cil se levoient qui partie avoient; et lors il leur disoit: Taisiez vous touz, et en vous déliverra l'un après l'autre. Et lors il appeloit monseigneur Pierre des Fontaines et monseigneur Geffroy de Villette, et disoit à l'un d'eulz: Délivrez-moi ceste partie. Et quand il véoit aucune

chose à amender en la parole de ceulz qui parloient
pour autrui, il meismes l'amendoit de sa bouche. Je
le vi aucune foiz en esté, que pour délivrer sa gent, il
venoit ou jardin de Paris, une cote de chamelot vestue,
un seurcot de tyreteinne sanz manches, un mentel de
cendal noir entour son col, moult bien pigné et sanz
coife, et un chapel de paon blanc sus sa teste, et fesoit
estendre tapis pour seoir entour li. Et tout le peuple
qui avoit à faire par devant li, estoit entour li en
estant (debout), et lors il les faisoit délivrer, en la
manière que je vous ai dit devant du boiz de Vin-
ciennes[1]."

En 1256 ou 1257, il rendit un arrêt contre le seigneur
de Vesnon, par lequel il le condamna à dédommager
un marchand qui en plein jour avait été volé dans un
chemin de sa seigneurie. Les seigneurs étaient obligés
de faire garder les chemins depuis le soleil levant
jusqu'au soleil couché.

Enguerrand de Coucy, ayant fait pendre trois jeunes
gens qui chassaient dans ses bois, le roi le fit prendre
et juger; tous les grands vassaux réclamèrent et ap-
puyèrent la demande qu'il faisait du combat. Le roi
dit : " Que aux fèz (faits) des povres, des églises, ne des
personnes dont on doit avoir pitié, l'en ne devoit pas
ainsi aler avant par gage de bataille, car l'on ne trou-
veroit pas de légier (facilement) aucun qui se vousis-
sent combatre pour teles manières de persones contre
barons du royaume...."

" Quant les barons (dit-il à Jean de Bretagne), qui de
vous tenoient tout nu à nu sanz autre moien, aportèrent
devant nos lor compleinte de vos méesmes, et ils offroi-
ent à prouver lor entencion en certains cas par bataille

[1] Joinville.

contre vos; ainçois (auparavant) respondistes devant nos, que vos ne deviez pas aler avant par bataille, mès par enquestes en tele besoigne; et disiez encore *que bataille n'est pas voie de droit*[1]." Jean Thourot, qui avait pris vivement la défense d'Enguerrand de Coucy, s'écria ironiquement: "Si j'avais été le roi, j'aurais fait pendre tous les barons; car un premier pas fait, le second ne coûte plus rien." Le roi, qui entendit ce propos, le rappela: "Comment, Jean, vous dites que je devrais faire pendre mes barons? Certainement je ne les ferai pas pendre, mais je les châtierai s'ils méfont."

Quelques gentilshommes qui avaient pour cousin *un mal homme et qui ne se vouloit chastier*, demandèrent à Simon de Nielle, leur seigneur, et qui avait haute justice en sa terre, la permission de le tuer, de peur qu'il ne fût pris de justice et pendu à la honte de la famille. Simon refusa, mais en référa au roi; le roi ne le voulut pas permettre; "car il voloit que toute justice fust fête des malféteurs par tout son royaume en apert et devant le peuple, et que nule justice ne fust fête en report (secret)[1]."

Un homme étant venu se plaindre à saint Louis de son frère Charles d'Anjou, qui voulait le forcer à lui vendre une propriété qu'il possédait dans son comté, le roi fit appeler Charles devant son conseil: "et li benoiez rois commanda que sa possession lui fust rendue, et que il ne li feist d'ore en avant nul ennui de la possession puisque il ne la voloit vendre ne eschangier[1]."

Ajoutons encore deux faits remarquables qui prouvent également que, pour se soumettre volontiers aux avis des prêtres ou des légistes, cette âme admirable conservait un sens élevé de l'équité qui, dans les circon-

[1] Le Confesseur.

stances douteuses, lui faisait immoler la lettre à l'esprit.

Regnault de Trie apporta une fois à saint Louis une lettre par laquelle le roi avait donné aux héritiers de la comtesse de Boulogne le comté de Dammartin. Le sceau était brisé, et il ne restait que les jambes de l'image du roi. Tous les conseillers de saint Louis lui dirent qu'il n'était pas tenu à l'exécution de sa promesse. Mais il répondit: "Seigneurs, veez ci seel, de quoi je usoy avant que je alasse outremer, et voit-on cler par ce seel que l'empreinte du seel brisé est semblable au seel entier; par quoy je n'oseroie en bonne conscience ladite contée retenir[1]."

Un vendredi saint, tandis que saint Louis lisait le psautier, les parents d'un gentilhomme détenu au Châtelet vinrent lui demander sa grâce, lui représentant que ce jour était un jour de pardon.

Le roi posa le doigt sur le verset où il en était: *Beati qui custodiunt judicium, et justitiam faciunt in omni tempore.* Puis il ordonna de faire venir le prévôt de Paris, et continua sa lecture. Le prévôt lui apprit que les crimes du détenu étaient énormes. Sur cela saint Louis ordonna de conduire sur-le-champ le coupable au gibet.

Saint Louis s'entourait de franciscains et de dominicains. Dans les questions épineuses, il consultait saint Thomas. Il envoyait des Mendiants pour surveiller les provinces, à l'imitation des *missi dominici* de Charlemagne. Cette Église mystique le rendait fort contre l'Église épiscopale et pontificale; elle lui donna le courage de résister au pape en faveur des évêques, et aux évêques eux-mêmes.

Les prélats du royaume s'assemblèrent un jour, et

[1] Joinville.

l'évêque d'Auxerre dit en leur nom à saint Louis:
" ' Sire, ces seigneurs qui ci sont, arcevesques, evesques,
m'ont dit que je vous deisse que la crestienté se périt
entre vos mains.' Le roi se seigna et dist: 'Or me
dites comment ce est?' 'Sire, fist-il, c'est pour ce
que on prise si peu les excommeniemens hui et le jour,
que avant se lessent les gens mourir excommeniez,
que il se facent absodre, et ne veulent faire satisfaction
à l'Esglise. Si vous requièrent, sire, pour Dieu et pour
ce que faire le devez, que vous commandez à vos
prévoz et à vos baillifs, que touz ceulz qui se souffer-
ront escommeniez an et jour, que on les contreingne
par la prise de leurs biens à ce que il se facent absoudre.' A ce respondi le roys que il leur com-
manderoit volentiers de touz ceulz dont on le feroit
certein que il eussent tort.... Et le roy dist que il ne
le feroit autrement; car ce seroit contre Dieu et contre
raison, se il contregnoit la gent à eulz absoudre, quant
les clercs leur feroient tort[1]."

La France, si longtemps dévouée au pouvoir ecclésiastique, prenait au XIIIᵉ siècle un esprit plus libre.
Ce royaume, allié du pape et Guelfe contre les empereurs, devenait d'esprit gibelin. Il y eut toujours
néanmoins une grande différence. Ce fut par les
formes légales qu'elle poussa cette opposition, qui n'en
fut que plus redoutable. Dès le commencement du
XIIIᵉ siècle, les seigneurs avaient vivement soutenu
Philippe-Auguste contre le pape et les évêques. En
1225, ils déclarent qu'ils laisseront leurs terres ou
prendront les armes, si le roi ne remédie aux empiéte-
ments du pouvoir ecclésiastique; l'Église, acquérant
toujours et ne lâchant rien, eût en effet tout absorbé

[1] Joinville.

à la longue. En 1246, le fameux Pierre Mauclerc forme, avec le duc de Bourgogne et les comtes d'Angoulême et de Saint-Pol, une ligue à laquelle accède une grande partie de la noblesse. Les termes de cet acte sont d'une extraordinaire énergie. La main des légistes est visible; on croirait lire déjà les paroles de Guillaume de Nogaret.

Saint Louis s'associa, dans la simplicité de son cœur, à cette lutte des légistes et des seigneurs contre les prêtres, qui devait tourner à son profit; il s'associait avec la même bonne foi à celle des juristes contre les seigneurs. Il reconnut au suzerain le droit de retirer une terre donnée à l'Église.

Plongé à cette époque dans le mysticisme, il lui en coûtait moins, sans doute, d'exprimer une opposition si solennelle à l'autorité ecclésiastique. Les revers de la croisade, les scandales dont le siècle abondait, les doutes qui s'élevaient de toutes parts, l'enfonçaient d'autant plus dans la vie intérieure. Cette âme tendre et pieuse, blessée au dehors dans tous ses amours, se retirait au dedans et cherchait en soi. La lecture et la contemplation devinrent toute sa vie. Il se mit à lire l'Écriture et les Pères, surtout saint Augustin. Il fit copier des manuscrits, se forma une bibliothèque : c'est de ce faible commencement que la Bibliothèque royale devait sortir. Il se faisait faire des lectures pieuses pendant le repas, et le soir au moment de s'endormir. Il ne pouvait rassasier son cœur d'oraisons et de prières. Il restait souvent si longtemps prosterné, qu'en se relevant, dit l'historien, il était saisi de vertige et disait tout bas aux chambellans: "Où suis-je?" Il craignait d'être entendu de ses chevaliers.

Mais la prière ne pouvait suffire au besoin de son cœur.

"Li beneoiz rois désirroit merveilleusement grâce
de lermes, et se compleignoit à son confesseur de ce
que lermes li défailloient, et li disoit débonnèrement,
humblement et privéement, que quant l'en disoit en
la létanie ces moz: Biau sire Diex, nous te prions que
tu nous doignes fontaine de lermes, li sainz rois disoit
dévotement: O sire Diex, je n'ose requerre fontaine
de lermes; ainçois me souffisissent petites goutes de
lermes à arouser la secherèce de mon cuer.... Et
aucune foiz reconnut-il à son confesseur privéement,
que aucune foiz li donna à nostre sires lermes en
oroison: lesqueles, quand il les sentoit courre par sa
face, souef (doucement) et entrer dans sa bouche, eles
li sembloient si savoureuses et très-douces, non pas
seulement au cuer, mès à la bouche[1]."

Ces pieuses larmes, ces mystiques extases, ces
mystères de l'amour divin, tout cela est dans la mer-
veilleuse petite église de saint Louis, dans la sainte
Chapelle. Église toute mystique, tout arabe d'archi-
tecture, qu'il fit bâtir au retour de la croisade par
Eudes de Montreuil, qu'il y avait mené avec lui. Un
monde de religion et de poésie, tout un Orient chrétien
est en ces vitraux, dans cette fragile et précieuse pein-
ture. Mais la sainte Chapelle n'était pas encore assez
retirée, et pas même Vincennes, dans ses bois alors si
profonds. Il lui fallait la Thébaïde de Fontainebleau,
ses déserts de grès et de silex, cette dure et pénitente
nature, ces rocs retentissants, pleins d'apparitions et
de légendes. Il y bâtit un ermitage dont les murs ont
servi de base à ce bizarre labyrinthe, à ce sombre
palais de volupté, de crime et de caprice, où triomphe
encore la fantaisie italienne des Valois.

[1] Le Confesseur.

Saint Louis avait élevé la sainte Chapelle pour recevoir la sainte couronne d'épines venue de Constantinople. Aux jours solennels, il la tirait lui-même de la châsse et la montrait au peuple. A son insu, il habituait le peuple à voir le roi se passer des prêtres. Ainsi David prenait lui-même sur la table les pains de proposition. On montre encore, au midi de la petite église, une étroite cellule qu'on croit avoir été l'oratoire de saint Louis.

Dès le vivant de saint Louis, ses contemporains, dans leur simplicité, s'étaient doutés *qu'il était déjà saint*, et plus saint que les prêtres. "Tant com il vivoit, une parole pooit estre dite de li, qui est escrite de saint Hylaire: 'O quant très parfèt homme lai, duquel les prestres méesmes désirrent à s'ensivre la vie!' Car mout de prestres et de prélaz désirroient estre semblables au beneoit roi en ses vertuz et en ses meurs; car l'on croit méesmement que il fut saint dès que il vivoit[1]."

Tandis que saint Louis enterrait les morts, "iluecques estoient présens tous revestu, li arcevesque de Sur et li évesque de Damiète, et leur clergié, qui disoient le service des mors; mès ils estoupoient leur nez pour la puour; mais oncques ne fu veu au bon roy Loys estouper le sien, tant le faisoit fermement et dévotement."

Joinville raconte qu'un grand nombre d'Arméniens qui allaient en pèlerinage à Jérusalem vinrent lui demander de leur faire voir le *saint roy*:—"Je allai au roy là où il se séoit en un paveillon, apuié à l'estache (colonne) du paveillon, et séoit ou sablon sanz tapiz et sanz nulle autre chose dezouz li. Je li dis: 'Sire, il

[1] Le Confesseur.

a là hors un grant peuple de la grant Herménie qui
vont en Jérusalem, et me proient, sire, que je leur
face monstrer le *saint roy*; mès je ne bée jà à baisier
vos os (cependant je ne désire pas encore avoir à
baiser vos reliques).' Et il rist moult clèrement, et me
dit que je les alasse querre; et si fis-je. Et quant ils
orent veu le roy, ils le commandèrent à Dieu et le
roy eulz[1]."

Cette sainteté apparaît d'une manière bien touchante
dans les dernières paroles qu'il écrivit pour sa fille:
"Chière fille, la mesure par laquele nous devons Dieu
amer, est amer le sanz mesure[2]."

Et dans l'instruction à son fils Philippe:
"'Se il avient que aucune querele qui soit meué
entre riche et povre viegne devant toi, sostien la
querele de l'estrange devant ton conseil, ne montre
pas que tu aimmes mout ta querele, jusques à tant
que tu connoisses la vérité, car cil de ton conseil pour-
roient estre cremeteus (craintifs) de parler contre toi,
et ce ne dois tu pas vouloir. Et se tu entens que tu
tiegnes nule chose à tort, ou de ton tens, ou du tens
à tes ancesseurs, fai le tantost rendre, combien que la
chose soit grant, ou en terre, ou en deniers, ou en
autre chose[2].' L'amour qu'il avoit à son peuple
parut à ce qu'il dit à son aisné filz en une moult grant
maladie que il ot à Fontene Bliaut. 'Biau fils, fit-il,
je te pri que tu te faces amer au peuple de ton royaume;
car vraiement je aimeraie miex que un Escot venist
d'Escosse et gouvernast le peuple du royaume bien et
loïalement, que tu le gouvernasses mal apertement[1].'"

Belles et touchantes paroles! il est difficile de les
lire sans être ému.

[1] Joinville.   [2] Le Confesseur.